RT

AF222779

RT

Mein Weg als

Erdengel

4

Elfenengel Nati

Mein Weg als

Erdengel

BOD

Dieses Buch widme ich meiner geliebten Familie

und all meinen Freundinnen.

Denn ohne Euch wäre es nicht möglich gewesen dieses
Buch nieder zuschreiben.

Ganz besonders bedanke ich mich bei den Engeln und
den Elfen, für ihre Hilfe

BOD
Books on Demand Verlag
Zweite Auflage 2017

Erste Auflage 2009

ISBN 978-3-8370-9921-8

Copyright ©*2009 bye Elfenengel /Nati/RT*

Inhalt

Einführung

Meine Arbeit und Aufgaben als Erdenengel, wie alles begann

Vor zwei Jahren erhielt ich eine Nachricht, dass ich meinen Weg als Engel niederschreiben soll. Ich hatte erst immer den Gedanken, wenn ich das tue, könnten die Leute mich für verrückt erklären.

Aber in diesen Jahren lernte ich viele Menschen kennen, die so sind wie ich. Die mit Engeln und suchenden Seelen kommunizieren können.

Schon oft besuchte ich viele spirituelle Treffen, bei denen man sich mit Gleichgesinnten austauschen konnte.

Es gibt so viele Menschen auf dieser Welt, die nach Hilfe suchen, und schon glauben sie seien krank,

weil sie oft Botschaften über Träume oder Tagesträume erhalten.

Die Stimmen hören oder sehen Spezies mit denen sie nichts anfangen können.

Auch den so genannten siebten Sinn, dieses Bauchgefühl spüren sie, aber denken immer noch mit ihrem Verstand.

Sie schreiben mich oft an und bitten mich um Erklärungen und Hilfe.

Es gibt auch viele darunter. die dies als Unsinn empfinden. Ihre Ängste sind so stark, etwas zuzulassen, so dass sie dann einfach über dieses Thema lachen oder es verneinen.

Die Welt verändert sich, zum Negativen, aber wir haben alle eine Chance dies zu verändern und umzudenken.

Deshalb wurde ich immer wieder gebeten, dieses Buch zu schreiben,
um zu zeigen, dass es viel Ähnlichkeit unter den Geschichten und Aussagen oder Träumen gibt.
Das was ich jetzt hier alles niedergeschrieben habe, und euch erzähle, ist eine wahrhafte Geschichte, wie sie mir passiert ist.
Wer es mag, kann darüber urteilen, ob es wahr ist, oder es als Esoterik Klassiker oder als Fantasiegeschichte annehmen.
Denn jeder Mensch auf Erden hat sich seine Aufgabe schon vor der Geburt ausgesucht.
Das Gleichgewicht hat schon längst angefangen zu schwanken, darum helft alle mit, die Erde in höhere Schwingungen zu versetzen.
Gebe dein Ego auf, und folge in die 5+2=7 Ebene / (der Himmel),
in das Licht der Göttlichkeit.
Es liegt so fern aber es ist so nah.
Lass Liebe in dich strömen und mit Licht erfüllen, und strahle es aus in den Kosmos.
Lass endlich Frieden und Liebe auf Erden herrschen.

Kapitel 1

Die Wiedergeburt

Am **Anfang** stand die Wiedergeburt und am Ende der Tod.
Aus ihm begann die Inkarnation. Dies ist ein Kosmisches
Gesetz.
Auch du hast das Recht zu bestimmen, ob du zurückkehrst
oder nicht.
Ja, jeder hat die Schule des Vorlebens besucht, auch die
schon aufgestiegenen Meister, oder die, die gerade dabei
sind, sowie Elfen, Feen und viele andere Gattungen.

Sie wurde, neu geschult, entschlossen sich zur
Wiedergeburt, und nahmen ihre Aufgaben an.
Es war eine große Aufgabe, die sie da auf sich nahmen,
denn sie wurde ausgewählt,
als **ein *inkarnierter Engel auf Erden zu leben, in einem
Menschenkörper,***
um einen Familienfluch aufzulösen,
um verlorene, verstorbene Seelen und viele Menschen auf
der Suche ins Licht zu begleiten.
Es klingt wie ein Märchen, aber es beruht sich auf einer
wahren Begebenheit. Ihr könnt das glauben, oder als
Märchen, oder Fantasie annehmen, oder als Esoterik
Klassiker.
Folgt mir in die Welt eines inkarnierten Engels und seiner
Geschichte….

Es war eine kalte schöne Vollmondnacht. Eine ganz besondere Nacht.

Die Sterne waren so klar, und der Mond schien, als wäre es ein Sonnentag.

Eine Frau, 17 Jahre jung, dunkelhaarig, lag in Berlin in einem Krankenhaus in den Wehen.

Sie erwartete ihr erstes Kind. Sie schwitzte, schrie und stöhnte. Die Wehenabstände wurden immer kürzer. Es waren ein Arzt und eine Nonne neben ihrem Bett.

Sie wollte niemanden bei sich haben.

Aufgeregt standen draußen im Flur ihre Schwester und ihre Mutter.

Sie konnten den Kampf der Geburt hören. Immer wieder gab es Stille im Kreissaal. Sie wurden immer nervöser.

Auf einmal war Stille, und ein Schrei ging über den Flur, dann wieder Stille.

Es ging die Tür auf und eine Nonne kam heraus. Sie hielt ein kleines Bündel im Arm. Es war ein kleines Baby still und ruhig mit strahlenden großen braunen Augen.

„Es ist ein Mädchen!" rief sie! Die Mutter (-Oma-) rief: „Nati da bist Du ja!" Sie weinte vor Glück und küsste das kleine Baby.

Ihre Tochter, die ganz neugierig neben ihr stand, sagte: „Siehst du nicht wie schwarz sie ist?"

Die frisch gewordene Oma lachte und sagte: „Das ist ein ganz besonderes Kind, es wird nicht nur die Haut hell werden, sondern sie wird auch ein sehr hellsichtiges Kind werden. Die Haut ist nur als Schutz der Geburt da gewesen." Und die Oma schaute die Nonne dabei fragend an. Die lachte und sagte: „Die Mutter hat wohl zu viele Karotten gegessen in der Schwangerschaft.

Wichtig ist es das es gesund ist. Und dass es geliebt wird von der Welt."

11

Nun war ich da, in dieser kalten, traurigen, wütenden uneinschätzbaren Welt und Zukunft, mit allem was sie bietet.

Kapitel 2

Meine Träume und Kindheit

Ich wuchs in dieser Zeit genauso auf wie jedes Kind, nur ohne Eltern.

Meine Oma ließ mir aber nichts an Liebe fehlen.

Sie ließ mich tanzen, singen und immer wieder Märchen hören. Und sie erzählte mir auch immer wieder eine ganz besondere Geschichte, die wie ein Märchen klang.

Sie sagte, du darfst das niemals vergessen, du bist etwas ganz Besonderes.

Es wird der Tag kommen, an dem zwei Schwestern einen Kampf aufnehmen werden, um einen Familienfluch aufzulösen.

Und eine von Ihnen, das bist du. Sie erklärte mir was zu tun sei.

Da wusste ich noch nicht, was auf mich zukommen würde. Ich war noch zu klein, um das zu verstehen.

Aber irgendwie fand ich, und fühlte ich, dass sich etwas um mich verändert hatte.

Ich fühlte mich irgendwie eingeengt. Um mich wurde es dunkel.

Ich fing an trauriger zu werden. Und ich verstand das nicht. So ein Gefühl eines Traumes, in dem es kein Erwachen mehr gibt.

Mein erster Spaziergang, an den ich mich erinnerte, war ein Einkauf.

In einem Schuhgeschäft. Ich brauchte ja mal Schuhe, obwohl ich keine mag, denn ich laufe noch heute lieber barfuß.

Ich hatte so ein komisches Gefühl gegenüber der Verkäuferin. Ich wollte lieber bei meiner Oma auf dem Schoß bleiben, denn ich meinte, ich sehe dort zwei Frauen und die andere flüsterte ihr etwas zu. Ist es euch schon mal aufgefallen, dass eure Kinder, oder andere Kinder sich oft zurückziehen.

Denn sie kennen das richtige Gefühl, wenn Gefahr signalisiert wird.

Wie oft wurden mir die Schuhe angepasst, aber keine gefielen mir. Also suchte meine Oma sie für mich aus.

Die Verkäuferin schenkte mir ein Comic Heft und meinte dazu, weil ich so brav war. Ich versuchte es immer wieder zurückzulegen, aber die Verkäuferin war hartnäckig und meine Oma gab nach.

Mir gefiel dieses Tier nicht darauf, aber meine Oma nahm das Heft mit.

Daheim angekommen klappte ich das Heft auf.

Als ich dort hineinschaute blieb mir fast der Atem weg und eine Hitze kam in mir auf.

Ich lief schnell zu meiner Oma und sagte: „Ich will das nicht. Die Tiere sind nicht schön. Ich mag sie nicht."

14

Meine Oma erklärte: „Das sind Salamander, die tun niemanden etwas.
Sie seien für Reklame der Kinderschuhe, und sie erzählen schöne Geschichten. Alle Kinder mögen sie, die kleinen Heftchen." Sie versuchte mir was aus dem Heft vorzulesen, aber ich hörte nicht zu.
Ich versteckte mich in meiner kleinen Welt, und ich stellte mir vor, in der Natur zu sein, unter einem blauen Himmel und hörte die Vögel zwitschern.
Das Heft kam in den Ofen, denn ich hatte Angst vor diesen Tieren.

Von nun an begannen meine bösen Albträume.
Meine Oma brachte mich wie jeden Abend ins Bett, sang ein Lied mit mir, und gab mir einen Gutenachtkuss.
Ich hatte noch nicht mal die Augen geschlossen, da wurde ich in ein tiefes Wasser gezogen. Ich hatte das Gefühl zu ertrinken. Ich schrie um Hilfe nach meiner Oma, aber keiner hörte mich.
Auf einmal wurde es sehr heiß, so als ob mein Körper ins Feuer gezogen wurde.
Ich spürte, wie ich langsam aus Angst die Kraft verlor. Ich wurde in die Erde hineingezogen. Um mich herum waren so viele Salamander. Ich musste durch ihre Kanäle wandern, aber mehr, als würde ich gezogen. Als ob ich eine Schlange gewesen wäre. Und dann musste ich sie schlucken.
Es war so schlimm, dass mir schlecht wurde im Traum nur von dem Gedanken. Aber nicht nur das, ich roch es sogar, fühlte den Geschmack, die Form und die Rauheit der Haut dieser Tiere.
Ich rief und schrie. Keiner hörte mich. Das Ringen nach Luft wurde immer schlimmer. Ich fing an zu weinen. Auf einmal spürte ich zwei Hände, die mich hielten und auf der

15

Schulter streichelten. Die Hand war so lieblich zu berühren, als ob ich sie schon seit einer Ewigkeit kannte und liebte. Es war ein himmlisches Vertrauen.
Eine liebliche Stimme erklang, die zärtlich meinen Namen rief, und gleichzeitig wurde ich aus der Erde und den Fluten gezogen.
Es war ein Gefühl wie bei meiner Geburt. Ich war wach, weinte und atmete ganz schnell. Ich rief nach meiner Oma, mir war so kalt vor Angst.
Sie versuchte mich zu beruhigen. Es dauerte lange bis mich diese Träume losließen.
Meine Albträume wurden immer schlimmer. Dass ein Kind von einem Wasserfleck an der Decke Albträume bekommen kann, wer sollte so etwas annehmen? Oh, glaubt mir, hört euren Kindern zu, es sind immer Botschaften.
Eure Kinder, nehmt sie ernst, sie verstehen das alles nicht. Gebt ihnen Hilfe, dass sie lernen, sich in ihren Träumen zu bewegen oder sich zu wehren.
Einer meiner schlimmsten Träume war, dass ich Glassplitter im Mund hatte und versuchte, sie herauszuziehen.
Ich verschluckte sie. Bis heute weiß ich nicht was dieser Traum bedeutete.
Und dasselbe nochmal, nur mit einem langen Faden. Ich ziehe und ziehe ihn aus meinem Hals durch den Mund heraus. Das ist sehr unangenehm.
Danach habe ich immer eine Halsentzündung bekommen.

Kapitel 3

Die Begegnung mit der schwarzen Frau

Jeden Tag erzählte die Oma der Kleinen schöne Märchen, und über zwei Schwestern, die eines Tages den Kampf aufnehmen werden.

Sie sollen sich so ähnlich sein, aber doch so verschieden.

Sie erzählte immer wieder, was zu tun sei, wenn der Tag gekommen ist.

Das kleine Mädchen war ich. Immer wieder sagte sie, dass ich etwas sehr Besonderes sei.

Damals wusste ich noch nicht, was sie damit meinte, aber wenn ihr weiterlest, dann werdet ihr es erfahren.

Jede Nacht musste ich träumen, dass ich Salamander schluckte.

Ich schrie um Hilfe, aber keiner hörte mich. Ich bekam keine Luft.

Irgendjemand half mir, streichelte mich und ich erwachte.

Die Albträume wurden immer schlimmer. An der Decke im Korridor war ein Fleck. Einer Nachbarin von oben, ist aus einem Eimer der ein Loch hatte, Wasser ausgelaufen.

Ich träumte, dass ich ertrinke in diesem Fleck. Es war schrecklich, aber ich wurde immer wieder gerettet. Es war jemand da. Ich wusste aber nicht, wer es war.

Weil ich wusste, dass mich jemand rettet, fing ich an zu begreifen, dass ich keine Angst mehr zu haben brauchte, und wehrte mich im Traum dagegen. Ich kontrollierte die Träume und ich musste nicht mehr kämpfen mit den Urgewalten des Wassers.
Ich glitt über diese Wellen.
Die Träume wurden leichter. Ich sah in den Träumen oft Klippen mit wunderschönen Wiesen.
Und eines Nachts stand eine Frau mit langen schwarzen Haaren dort vor mir. Sie trug ein langes rotes Kleid, das bis auf den Boden reichte, mit einem goldenen Gürtel um ihre Hüften. Sie sah schön aus, aber irgendwie geheimnisvoll und unheimlich.
Ihr Haar wehte durch den Wind. Sie strahlte etwas magisches, auch Angsteinflößendes aus.
Ich hatte Angst davor sie anzusprechen, oder zu fragen warum sie da ist. Ich war zu jung und verstand den Sinn von dem Ganzen nicht. Ich merkte nur, dass ich mich verschloss.
Nichts mehr berührte mich. Ich war in mir wie gefangen, sah nur noch Bilder um mich herum, konnte aber nicht handeln, oder denken,
ich war wie in einer Traumwelt gefangen.
Aber irgend jemand stand neben mir,doch ich wusste nicht wer.

Kapitel 4

Astralreisen, mein Tod

Meine Kindheit verging nur langsam, wie in einer Zeitlupe.
Es kamen seltsame Träume dazu, die ich später noch
erläutern möchte, die ich heute erst verstehe und die mich
prägen.
Mehrere Nächte schlief ich sehr fest. Ich schlüpfte aus
meinen Körper und wanderte. Es war sehr gefährlich, wie
ich heute weiß. Mein Körper lag wie eine leere Hülle auf
dem Bett. Ich löste mich aus meinen Eingeweiden und
fühlte mich so leicht und nur ein leichter Druck eines
Summens begleitete mich dabei. Diese unendliche Freiheit
zu spüren und überall hin zuwandern, war für mich als Kind
wie ein Abenteuer. Ich würde es heute nicht mehr tun.
Denn man kann dadurch in jeden Raum und jede Zeit reisen,
oder sogar in anderen privaten Räumlichkeiten Einzug
halten.
Nur im Notfall würde ich dies tun. Durch diese Reisen
wurde es immer schwieriger in meinen Körper
zurückzukehren.
Die Kämpfe wurden immer schlimmer. Ich bekam keine Luft
und fühlte mich so schwer, als wenn ein Stein auf mich
fallen würde, dann wachte ich erschöpft auf.
Ich sah dort alles ganz hell. Auf den Wiesen waren
Menschen, die glücklich schienen, und dann das schöne helle
Licht einfach wunderschön.
Ohne Leid, Sorgen, Streit, Hektik ....
Einfach schön.
Das tat ich oft, bis zu meinem 5. Lebensjahr.
Ich wurde schwer krank, eine schwere Mandelentzündung,
wie sie mich schon oft erwischte.

Laut einer Erzählung meiner Tante, lag ich in einem kleinen Zimmer ohne Fenster, stark eingehüllt in Decken. Meine Mutter saß neben mir und meine Oma.
Sie erzählte mir, dass meine Mutter mich nicht ins Krankenhaus geben wollt,
Sie wollte, dass ich sterbe. Sie rief alle Frauen der Familie zusammen. Auch meine Tante stand da und war damit einverstanden, dass ich gehen sollte.
Sie beschrieb, dass auf einmal etwas mit ihr passierte, was sie sich bis heute nicht erklären kann.
Sie lief auf einmal los und wusste auch nicht warum sie das tat. Sie rannte heraus und rief einen Rettungswagen.
Warum sie das tat, erfuhr ich erst, als ich 43 Jahre alt war. Denn das ist unsagbar
Unglaublich. (denn meine Tochter rettete mir mein Leben und wurde dafür bestraft. Ihr werdet es gleich noch erfahren, wenn ihr weiterlest.)
Im Krankenhaus kämpften die Ärzte um mein Leben, rechts und links bekam ich Spritzen. Ich spürte nichts. Ein Arzt schrie nach meinem Namen und gab mir leichte Ohrfeigen. Er schrie: „Mädchen, Mensch mach keinen Ärger."
Auf einmal wurde alles dunkel, und ich fühlte mich so leicht. Um mich herum wurde es immer heller.
Dieses Licht war so schön, so hell und liebesvoll. Ich spürte gar nichts mehr, fühlte mich aber sicher und geborgen, sehr wohl. So ein Gefühl kann man nicht beschreiben. Ich wünschte, du könntest es spüren. Oder spürst du es sogar?
Ich schwebte, dort unten lag ein kleines Mädchen, sie kam mir so bekannt vor.
Und die Ärzte kämpften ....
Ich schwebte, es war so schön so ruhig alles, so leicht, einfach schön.

20

Auf einmal hatte ich das Gefühl, dass jemand rechts neben mir stand oder besser schwebte. Ich hörte eine schöne Stimme, die zu mir sprach:" Was machst du hier? Nati, es ist noch nicht soweit für Dich!" Ich fragte: „Wer bist Du? Ich bin es, Horstel." Er sagte; wenn es soweit ist, dann werde ich Dich holen, denn Du hast noch eine Aufgabe zu erfüllen."
Ich wollte Ihn noch Fragen was für eine Aufgabe ich habe, doch auf einmal wurde ich, wie von einem Sog nach unten gezogen. Ich fühlte mich wieder so schwer, und das Atmen war so schwer.
Ich war wieder gefangen in einem Körper, und ich war den Tränen nahe, nein ich weinte.
Ich wachte auf, in der Intensivstation. Eine Krankenschwester stand neben mir und fragte:
„Und, wie geht es Dir?"
Ich sagte: „Ich habe Hunger." Sie fing an zu weinen und gleichzeitig lachend fragte sie: „Was möchtest du essen?" Meine ersten Worte waren: „Eine Käseschrippe." (Brötchen Semmel).
Die Schwester rannte wie verrückt los. Dann kamen so viele Schwestern und Ärzte ins Zimmer gerannt, ich kam mir vor, wie ein Superstar. Alle lachten, weinten und sagten: „Man, wir alle hatten Dir kaum noch eine Chance gegeben, es grenzt an ein Wunder."
Ich bekam meine Schrippe, es war ein schönes Erlebnis.
Dann kam ich nach Hause, und mein Leben änderte sich.

21

Kapitel 5

Besuch eines Verstorbenen

Daheim angekommen, meine Oma erwartete mich schon im Wohnzimmer, Sie saß in ihrem blauen Sessel.
Sie öffnete ihre Arme als sie mich sah. Ich rannte mit offenen Armen zu ihr. Sie drückte mich so wunderbar, dass ich mich richtig geliebt und geborgen fühlte. Sie streichelte mein Haar und küsste mich und sagte: „Oh Nati warum, was hast du da nur getan?"
Ich sagte: „Es war doch nicht schlimm, es war schön."
Sie schaute mich an und fragte: „schön fandest du es? Du wärst fast bei den Engeln gewesen."

Ich sagte: „Nein, da war ein Junge, der sagte, ich soll zurück gehen, und er würde mich holen, wenn es soweit ist."
Meine Oma bekam einen merkwürdigen Gesichtsausdruck, und fragte erstaunt:
„Wie sah der Junge denn aus?"
Ich beschrieb ihn mit gelockten blonden Haaren und einer Lederhose
mit Hosenträgern und weißen Blumen dran.
Auf einmal wurde sie ganz still. Sie ließ mich langsam aus ihren beschützenden Armen, so als wenn sie die Kräfte verließen.
Sie stand auf, lief zu einer alten Kommode, öffnete eine Schublade und wühlte in ihr umher.
Dann drehte sie sich zu mir und kam auf mich zu.
Da erfüllte sich der Raum mit einer traurigen Stimmung und doch voller Liebe.

Sie streckte mir ein altes Foto in schwarz-weiß und mit weißen Zacken am Rand entgegen, und fragte mich mit gedrückter Stimme:
„Kennst Du ihn?"
Ich schaute auf das Bild. Ich freute mich über das, was ich da sah, denn das war der Junge, der zu mir sagte, dass es noch nicht so weit wäre.
Ich rief vor Freude: „Das ist Horstel, wo ist er? Ich möchte mit ihm spielen."
Meine Oma atmete für ein Moment nicht. Man sollte glauben die Zeit wurde angehalten. Der Raum füllte sich mit so viel Energie, dass ich das damals nicht verstand. Es war ein Gefühl, als wenn gleich etwas Platzen würde.
Ich stand da und wartete auf eine Antwort. Es kam nichts. Auf einmal fing sie an zu weinen. Es dauerte lange bis sie wieder ein Wort mit mir sprach.
Nachdem sie die Tränen abgewischt hatte, sagte sie, dass er bei den Engeln ist. Ich wusste damals noch nicht was Tod bedeutet, und hörte gespannt zu. Ihr Sohn ist im zweiten Weltkrieg mit elf Jahren an einer Lungenentzündung gestorben.
Seitdem weiß ich, wer mich holt, wenn ich sterben werde. Und ich habe keine Angst vor dem Sterben.
Sie brachte mich einige Tage später zum Friedhof, und zeigte mir, wo sie ihn im Krieg begraben hatte.
Es gab da nichts, kein Grabstein, kein Kreuz, nichts.
Meine Oma legte auf einer Stelle weiße Blumen nieder und sagte: „Entschuldige, dass ich dich nie besucht habe. Ich möchte mich bedanken, dass Du Nati geholfen hast. In diesem Augenblick wehte ein schöner warmer Wind um uns, als ob man gestreichelt wird.

Ich fühlte mich so sehr geborgen, denn ich spürte seine Anwesenheit. Ob das meine Oma auch spürte? Aber ich als Kind, was sollte ich sagen?
Für mich war alles ganz normal.

Kapitel 6

Der Familienfluch kommt näher

Es war ein seltsamer Tag; dieser Tag. Ich spielte wie immer mit meinen Legosteinen.
Ich baute immer wieder das gleiche Haus, so wie es heute bei mir steht, in dem ich wohne. Mein Elfenengel Haus.
Es regnete draußen und ein Sturm herrschte. Die Blitze waren so stark,
dass ich dachte, sie wollen jemanden fernhalten.
Auf einmal ging die Tür auf. Eine schwarzhaarige Frau, schlank und sehr blass und ein Mann, gut frisiert, sehr schick gekleidet mit Anzug und Krawatte traten in das Wohnzimmer.
Ich wusste erst nicht, wer sie waren, bis meine Oma aufstand und mit trauriger Stimme sagte: „Deine Mama und Papa möchte dich abholen."
Ich schaute und fragte mich wohin?
Ich kannte sie ja noch nicht einmal. Meine Oma hatte Tränen in den Augen. „Sie haben sich wieder vertragen und deine Schwester wird auch mit einziehen, sie ist wieder gesund."
Ich verstand gar nichts, hier bei ihr war es doch schön, warum sollte ich dort hingehen?
Ohne einen Kuss, noch nicht einmal mit einer Umarmung, wurde ich mitgenommen.

25

Oma rief noch hinterher: „Nati, ich komme dich besuchen und du kannst jederzeit zu mir kommen!"
Ich lief durch eine lange Straße, rechts und links von mir meine Eltern.
Wir kamen an einen großen Eingang mit einer Holztür, als meine Mutter sie öffnete, lag ein langer Flur vor mir. Wir liefen ihn entlang, bis eine nächste Tür geöffnet wurde. Dort war ein kleiner Innenhof mit einem Baum und einer Teppichstange. Wir liefen über diesen kleinen Garten auf einem schmalen Weg. Es wurde wieder eine Tür geöffnet und dahinter lag nun ein kleiner Flur. Es war so kalt dort. In diesem Moment fing ich an, mich wieder zu verschließen. Ich bekam Angst vor dem, was mich dort erwarten sollte. Es wurde eine Tür aufgeschlossen, einen kleinen Korridor sah ich vor mir.
Eine kleine Küche rechts von mir, und geradeaus ein Zimmer, mit einem Kachelofen.
Rechts davon stand ein Bett, mit einer großen Decke und zwei Kopfkissen rechts und links. Mit einem grünen Vorhang vor dem Bett.
Gegenüber eine alte Klappcouch. Dort schliefen meine Eltern.
Als ich genauer in das Bett hineinschaute, sah ich jemanden drin liegen.
Sie hatte blonde Haare. Meine Mutter sagte, das ist deine Schwester. Ihr werdet das Bett teilen müssen.
Ich sprach kaum mit meiner Schwester, ich schlief fast nur.
Oft wachte ich auf, wenn mein Vater nach Hause kam und sich mit meiner Mutter stritt. Er schlug sie auch. Oft lehnte sie sich über mich, weil ich weinte und ihr Blut quoll aus ihrem Mund. Ich versuchte sie immer wieder zu trösten, aber sie nahm mich nicht wahr.

26

Oft wollte mein Vater mich entführen, auf die See mitnehmen. Ich fror so sehr und ich hatte Angst zu jemandem nein zu sagen.

Zu meiner Schwester sagte niemand etwas, nur zu mir. Es war so, als sei sie nicht da.

Nachts, wenn ich schlief, wurde ich geweckt. Ich sah leuchtende Augen vor meinem Bett. Ich versuchte mich unter der Decke zu verstecken, vor Angst. Das Schlimmste, was ich dort je sah, war ein kleiner Kopf mit langen dünnen Haaren und zugenähtem Mund; ein Schrumpfkopf. Mir blieb die Luft fast weg.

Fast jede Nacht kamen Ratten an die Fenster.

Habt ihr schon einmal nachts Ratten schreien und knabbern gehört? Es ist so gruselig und so laut, dass man vor Angst erstarrt.

Uns so wie es anfing, so schnell hörte es auch auf.

Ich verstehe es bis heute nicht, warum man mir das nicht erklärt hat.

Heute kann ich es verstehen. Ich finde, dass es wichtig ist, mit seinen Kindern zu reden. Und es nicht als normal hinzustellen, dass das Kind es so zu verstehen hat.

Meine Mutter nahm mich noch nicht einmal in den Arm.

Essen gab es nicht immer und oft gab es keinen Strom, aber um das alles zu erzählen, wäre noch ein anderes Buch nötig.

Ich wurde wieder zu meiner Oma gebracht.

Meine Mutter ließ sich scheiden.

Kurz darauf kam meine Mutter mit einem anderen Mann an.

Er kam mit einem Kaninchen und setzte es auf meinen Schoß.

Er fragte, ob ich mit einziehen möchte und seine Tochter werden möchte.

27

Na, was sollte ich denn dazu sagen? Ich wollte ja, dass meine Mama glücklich wird.

Wir zogen in eine Dreizimmerwohnung. Ein langer Flur zum Wohnzimmer, eine große Küche mit einem Herd und einem Tisch mit zwei Stühlen. Daneben ein kleines Bad. Zum Ausgang hin links waren ein kleines und ein großes Zimmer. In das kleine Zimmer zogen ich und meine Schwester ein. Wir schliefen in Etagenbetten.

Dort fiel mir das Schlafen sehr schwer. Ich wurde immer wieder in die Fluten gezogen und träumte von der schwarzen langhaarigen Frau auf dem Hügel.

Sie schaute mich immer wieder an, aber sagte kein Wort. Auch meine Schwester erzählte mir von ihr.

Oft stand sie in der Nacht auf, und ging ins Badezimmer, um sich mit dieser Frau zu unterhalten.

Sie sagte, dass diese Frau ganz lieb wäre, und sie wäre so wie Mami.

Ich verstand das nicht. Was fand sie so schön an einer Mutter, die kaum mit einem redet oder einen in den Arm nimmt?

Ich musste nachts auf die Toilette. Als ich die Tür öffnete, bekam ich einen Schreck. Da sah ich sie vor mir. Sie stand im Bad, so wie auf der Klippe. Ihre langen schwarzen Haare wehten und sie trug ein langes Kleid. Sie schaute mich an und sagte: „Du wirst genau so unglücklich werden, wie ich und deine Mutter. Du brauchst ihr auch nichts zu erzählen von mir. Sie glaubt nicht daran was Du sagst, denn sie kann nicht lieben und wird niemals lieben können. Ich hatte solche Angst vor dieser Frau, aber ich dachte, es war nur ein Traum. Ich erzählte niemandem davon. Ich hatte Angst, dass sie jemandem aus meiner Familie etwas antut.

Meine Mutter wurde schwanger. Sie sagte aber nie etwas davon, dass wir noch eine Schwester oder ein Brüderchen bekommen.

Eines Tages stand sie im Kinderzimmer mit einem dunkelroten Kleid.

Sie sagte, sie ginge jetzt heiraten und sie käme gleich wieder. Sie nahm mich nicht mit. Ich war damals sehr traurig, und verstand das nicht. Warum konnte sie nie mit mir reden? Nie ein liebes Wort sagen?

Die Zeit verging und meine Mutter gebar ein Mädchen. Wie jede große Schwester, war ich ganz stolz auf die Kleine. Aber meine Mutter tat so, als wenn ich nicht da wäre, mit meiner anderen Schwester redete sie, aber mit mir nicht.

Ich wurde immer müder und zog mich zurück, in mich selbst.

Ich kam in die Schule, aber ich bekam davon so gut wie nichts mit, nur die Aula wo Kinder uns begrüßten.

Ich verschloss mich immer mehr. In den nächsten Jahren hatte ich Zukunftsträume.

Es fing damit an, dass ich immer träumte, dass meine kleine Schwester keine Luft bekam, und dass ich rief und keiner mich hörte.

Ich ging zu meiner Mutter und erzählte ihr von meinem Traum. Sie lachte mich nur aus und sagte, ich träume zu viel.

Ich ging sehr traurig aus dem Raum. Auf einmal hatte ich das Gefühl, dass mich jemand schieben will.

Es wurde immer mehr. Es tat sogar schon weh an meinen Rücken. Ich bekam keine Luft. Ich rannte so schnell wie ich nur konnte zu meiner Schwester. Das was ich da sah, waren hilflos aufgerissene Augen. Die Kleine lag auf dem Bauch und in ihrem Erbrochenen im Kinderbettchen.

Ich schrie so laut. Ich hatte das Gefühl so laut zu schreien, dass die Zeit stehen blieb. Auf einmal sah ich meine Mutter neben mir stehen.

Sie riss die Kleine aus dem Bett und klopfte auf ihren Rücken. Sie riss sie an den Beinen und sie bekam wieder Luft. Da sah ich wieder links neben ihr diese schwarze Frau. Es war so, als ob sie meiner Mutter Anweisungen gab. Ich sagte nichts. Meine Mutter ließ in diesem Moment die Kleine ab, und ich bekam eine Ohrfeige. Sie sagte nicht warum. Und ich verstand es nicht. Nur weil ich sie gerufen hatte?

Eines Nachts träumte ich von dieser Tapete im Kinderzimmer, an der Stelle, wo meine kleine Schwester ihr Babybett hatte. Nur es war nicht da.

Es waren Muster in orange-roten Wellen, es tauchten aus dem Muster

Uhren auf, so wie aus dem Schwarzwald. Sie fingen an zu ticken, und dann zu fingen sie an zu gongen.

Dann kamen Gesichter neben den Uhren heraus. Das erste was ich sah war meine ältere Tante,

dann meine Uroma und mein Uropa.

Es wurde mir immer heißer. Ich bekam langsam Angst. Warum gongen die Uhren? Warum sind sie denn alle hier? Ich weiß nicht, was auf einmal geschah. Ich hatte dasselbe Gefühl, wie bei Horstel auf dem Friedhof.

Und ich hörte eine Stimme, die mir sagte: „Nach dieser Reihenfolge sollst du dich verabschieden von Ihnen."

Ich verstand das nicht. Was meinten sie damit, und wer sprach da zu mir.

Am Morgen stand meine Oma vor der Tür. Sie kam und schaute mich mit fragenden Augen an. Ich konnte genau spüren, dass sie wusste, dass etwas nicht stimmt.

Ich erzählte ihr vor meiner Mutter was ich geträumt hatte.

Meine Mutter sagte: „Man, die träumt nur Blödsinn. Die wird noch den Teufel ins Haus holen.

Meine Oma sagte: „Höre auf so etwas zu sagen, denn sie holt eher die aller Obersten herunter, als den von unten.

Ich merkte, dass meine Mutter vor Wut kochte. Meine Oma sagte: „Nati habe keine Angst vor dem was Du siehst, denn das ist einer deiner Aufgaben hier auf Erden."

Dann erzählte ich ihr von der schwarzhaarigen Frau. Meine Oma wurde ganz blass: „Du hast sie gesehen?"

Ich sagte: „Ja!" Dann sagte sie: „Vergesse niemals, was ich dich gelehrt habe. Du sollt nur noch etwas dazu bekommen. Einen Satz, den ich dir jetzt sage.

Du wirst ihn nicht ganz verstehen, aber eines Tages wirst du ihn verstehen.

Jede erstgeborene Tochter mit 17 Jahren wird dasselbe Schicksal erleiden müssen.

So geht es schon seit Jahrhunderten.

Lasse es nicht zu das es so weiter geht. Tue nicht das gleiche, so wie ich es tat oder deine Mutter.

Auf einmal wurde es im Raum dunkler.

Meine Mutter stand auf und bat meine Oma zu gehen.

„Sie will diese blöden Märchen nicht mehr hören", sagte sie zu ihrer Mutter.

Oma blieb ruhig und sagte: „Deine Tochter ist geschickt worden, um uns alle zu erlösen. Für unsere Nachkommen. Und sie sieht das, was kommen wird. Und Du wirst sehen, dass es so sein wird.

Meine Oma ging und ich wollte am liebsten mitgehen, denn ich hatte kein gutes Gefühl dabei.

Einige Tage später klingelte das Telefon. Ich spürte schon eine Trauer um mich im Raum aufziehen.

31

Da hieß es meine Tante liegt im Sterben, keiner hatte damit gerechnet.

Die ganze Familie hatte sich hier auf einmal versammelt, aber niemand schien traurig zu sein, alle warteten.

Ich hatte das Gefühl, als wenn der Raum leer war.

Auf einmal überkam mich ein Gefühl, als ob jemand in den Raum trat.

Ich nahm einen Geruch wahr, den ich bis heute nicht vergessen habe.

Ich spürte, dass etwas in der Küche nicht stimmte. Ich wollte aus der Tür in die Küche laufen, als auf einmal meine Tante vor mir stand.

Sie schaute mich ganz lieblich an, sagte aber nichts. Ich sagte: „schaut mal wer hier ist!" Alle sahen mich an und sagten: „Wer oder was soll denn da sein? Nichts!"

Ich verstand das nicht. Warum sahen sie sie denn nicht?

Dann war sie weg. Ich ging in die Küche. Dort war alles vernebelt und es roch schrecklich. Da kam auch schon meine Mutter. Sie sagte: „Wie ist denn so etwas möglich, dass die Suppe anbrennen kann? Ich hatte sie erst aufgesetzt."

Dann gingen wir alle wieder ins Wohnzimmer. Da läutete das Telefon. Ja, da war die Nachricht. Sie war tot. Nur wie ist es möglich gewesen, dass ich sie vor ein paar Minuten noch sah. Warum brannte die Suppe an?

Eine Trauergemeinde, wie man es kennt, gab es dort nicht.

Es wurde sofort diskutiert über das Erbe.

Ein Glück war ich damals noch ein Kind. Nur ich war traurig und sagte:

„Bei mir wird es so etwas niemals geben."

Ich machte mir auch Sorgen, ob ich daran schuld sei, dass ich wusste, dass sie starb.

*Und ich erinnerte mich, dass ich ja noch Uroma und Uropa
sah. Würden sie die Nächsten sein?*
*Kaum war die Beisetzung vorbei, hieß es, dass meine Uroma
ins Krankenhaus kommt. Ich versteckte mich in mir selbst.*
Denn ich sah auf einmal meine Uroma auf mich zukommen.
Sie strahlte im Gesicht, ein Lichtschein warum sie.
*Ich fing an zu weinen und sagte: „Du machst aber nicht
dasselbe wie Tante Gretchen?"*
*Sie strahlte und sagte: „Doch, es muss sein. Sie versuchte
noch, mich zu streicheln, dann war sie weg.*
*Meine Mutter schrie mich an: „Mit wen sprichst du schon
wieder? Ich sagte: „Uroma ist gerade da gewesen. Sie ist
so wie Tante Gretchen gegangen."*
*Meine Mutter schrie mich an: „Du bist nicht mehr ganz
normal. So etwas gibt es nicht!" Und schüttelte mich dabei
durch.*
*Es klingelte das Telefon, meine Mutter ließ mich los. Sie
ging an das Telefon.*
*Dann drehte sie sich wie ein böser Geist zu mir, und schrie:
„Sie ist tot!*
Woher weißt du das?"
*Ich sagte, dass ich es geträumt habe, und dass sie doch da
war. Sie sagte, ich sei verrückt.*
*Sie nahmen meinen Uropa auf. Es war ein ganz lieber alter
Mann. Er erzählte mir aus Kaiserzeiten, als er als Soldat
beim alten Kaiser Wilhelm diente.*
*Er hatte eine Pfeife und seinen Schnupftabak, und, wie es
auch sein sollte, einen Kaiserbart.*
*Es war eine schöne kurze Zeit mit ihm. Er ging mit mir
immer Bonbons; Honigbonbons kaufen.*
Von ihm lernte ich so viel kennen. Er war ein lieber Mensch.
Eines Nachts hörte ich wieder diese Glocken oder Gong.

Ich rannte in das Zimmer wo mein Uropa lag. Er war dabei die Balkontür zu öffnen.

Und sagte: „Dicke, ich komme, warte."

Ich sah eine helle Gestalt vor dem Fenster stehen. Als ich genauer hinsah, sah ich meine Uroma.

Sie sah so jung aus, ich verstand das nicht.

Ich rief: „Uropa was machst du denn da?" Und er sagte: „Ich muss zu ihr, sie wartet." Ich bekam Angst und rief: „Kommt schnell!"

Heute weiß ich, dass er vom vierten Stock gefallen wäre, wenn ich das nicht getan hätte.

Der Griff wurde entfernt. Aber er ging immer wieder dorthin. Als ich ihn fragte, warum er das tat, sagte er: „Sie wartet auf mich, lass mich doch gehen."

Er fing an zu weinen, und brach zusammen. Meine Mutter ließ ihn ins Krankenhaus bringen.

Dort verstarb er.

Die Balkontür ohne Riegel fand ich geöffnet vor.

Meine Mutter war wütend auf mich. Ich sollte in das Zimmer einziehen, in dem er gelegen hatte.

An der Stelle der Tapete, kam ein Schreibtisch mit einem Hamster, der mich nachts nicht schlafen ließ.

Es wurde immer schlimmer daheim. Sie schafften sich immer mehr Tiere an. Meerschweinchen und Vögel, und ich musste sie reinigen.

Meine zweite Schwester durfte alles machen, nur meine kleine Schwester musste in der Ecke stehen. Wir durften uns nie unterhalten.

Es hieß, sie ist vom Teufel besessen.

Immer wenn mein Stiefvater nach Hause kam, erzählte unsere Mutter ihm, was wir alle gemacht haben, und das stimmte alles nicht. Er gab uns mit Schlägen zu verstehen, dass das so nicht geht.

34

Ja so war es, Tag ein Tag aus. Verbote über Verbote und Schläge, und niemand bekam etwas mit.

Meine Mutter gebar drei Söhne in den nächsten Jahren.

Sie stritten sich mit jedem Menschen. Es war nachher so schlimm, dass wir umziehen mussten.

Ich war wie in einem Traum eingeschlossen.

Sogar meine erste Liebe wurde mir verboten, weil meine Schwester behauptete, dass sie mit ihm zusammen war.

Ich bekam ein halbes Jahr Stubenarrest.

Ich fiel immer öfter in Ohnmacht und litt unter schwerer Migräne. Sie schrien mich immer wieder an und meinten, ich stehe unter Drogen.

Und dann war der Tag gekommen, an dem mein Stiefvater wieder die Hand gegen mich erheben wollte, und meine Mutter dort stand und sich freute.

Ich war gerade 17 Jahre jung. Ich griff nach meiner Tasche und sagte: „Mich wird niemand mehr schlagen. Ich melde mich wieder, wenn ich eine Wohnung habe."

Ich riss die Tür auf und rannte davon.

Zuerst wusste ich nicht wohin, aber ich bin mir sicher, hätte ich das nicht so gemacht, wäre ich tot gewesen.

Ich entschloss mich zu meiner Oma; der Mutter meines Vaters zu gehen.

Sie nahm mich auf und tröstete mich.

Sie rief sofort meinen Vater an.

Er kam mit seiner Frau. Er dürfte mich ja eigentlich nicht sehen, sagte meine Oma, sonst würde er eine Strafanzeige bekommen, weil ich ja adoptiert worden bin.

Sie nahmen mich mit zu sich nach Hause. Dort lernte ich meine Stiefbrüder kennen. Zwei tolle Jungs. Und ich ihre große Schwester. Ich wurde von meinem Vater genauso enttäuscht, wie ich es schon als kleines Kind erlebt hatte.

Kein Versprechen hielt er ein.

35

Er war ein Träumer, und er sah dabei nicht, was er seinen Kindern damit antat. Seine Frau, sie war wie ein Engel.
Auch sie starb unverhofft.
Ich hielt mich immer an die Worte meiner Oma.
Werde nur dann schwanger, wenn es der richtige Mann ist.
Und Jahre vergingen. Ich lebte in meiner kleinen Traumwelt.
Bis zu dem Tag, als ich meinen Mann kennenlernte.

Kapitel 7

Meine ungeborenen Kinder stellen sich vor

Ich wurde zu einem Kaffee eingeladen. Da betrat er die Küche. Meine Knie wurden weich.
Ich wusste sofort, das ist mein Mann.
Er schaute mich an und reichte mir die Hand. Die braunen Augen wie aus meinen Träumen. Ja, er war es. Ich suchte schon so lange, ohne zu wissen, wo er war.
Es ging alles so schnell. Wir zogen zusammen, und in dieser Zeit träumte ich immer wieder schlimme Albträume. Ich lief eine Wendeltreppe herunter und ich wurde verfolgt. Ich wusste nicht, wer es war.
Ein anderer Traum war, dass mein Mann auf ein Kreuz gebunden war. Ich war schwanger und er wurde über einen Berg getragen, und viele Frauen mit dunklen Kopftüchern begleiteten ihn. Ich fragte die Leute, was mit ihm sei. Sie sagten: „Du musst dein Kind selbst groß ziehen. Dein Mann wird mit uns kommen."
Ich weinte im Traum und erwachte. Ich erzählte meinem Mann den Traum. Er sagte, ich solle keine Angst haben, sicherlich habe ich Angst, dass so etwas passieren könnte. Ich solle ihn wecken, wenn ich so etwas wieder träumen würde.

Eines Nachts kam in meinen Traum ein schönes Licht zu mir ans Bett. Aus diesem Licht sprach eine liebliche Stimme: „Ich bin dein Sohn ich möchte zu dir kommen."

Ich wachte auf und schaute um mich herum, aber er war fort.

Ich ging zum Arzt und sagte: „Ich bin schwanger! Kann das sein? Ich hatte einen Traum, in dem es hieß, dass sich schwanger werde oder schon bin.

Er lachte und sagte: „Sie waren doch gerade erst da und da war nichts. So schnell ist das nicht möglich. Aber wir schauen mal nach.

Und er untersuchte mich und machte einen Test. Als er mich hineinrief, da grinste er, und sagte, so etwas hat er noch nie erlebt, dass jemand gleich weiß, dass er schwanger ist. Er konnte nur schätzen und sagte vielleicht ist es zwei bis drei Tage her. Ich lachte und lief sofort zu meinem Mann. Ich schrie vor Glück: „Wir werden Eltern. Er wollte mir nicht glauben. Auch meine Schwägerin wollte mir nicht glauben.

Ich war echt traurig, denn keiner wollte mir das glauben. Ich sagte: „Dann wartet bis in neun Monaten, da wird er geboren."

Jeder fragte mich, woher ich weiß, dass es ein Junge wird. Ich sagte, er hat sich bei mir vorgestellt.

Jeder, sogar mein Mann, schaute mich nur an und grinste. Im fünften Monat in meiner Schwangerschaft geschah etwas Eigenartiges. Ich glaubte meine Vergangenheit kehrt zurück. Es klingelte unten an der Tür meine erste große Liebe. Er wollte mit mir sprechen. Ich sagte, dass ich ihn nicht kenne.

Denn er hatte mir sehr wehgetan, und das hatte ich nie vergessen.

Er klingelte noch einmal. Er war wütend. Dann ging mein Mann ran und lief ihm hinter her.

Es kam mir alles so bekannt vor. Das alles sah so aus, wie bei meiner Mutter.

Nur, dass mein Mann mir vertraute. Es war jemand da, der versuchte, uns auseinander zu bringen.

Auch in meinem Badezimmer sah ich wieder eine schwarzhaarige Frau, aber diesmal fragte ich, was sie will. Sie sagte: „Ich bin deine Schwester, und es soll dir so ergehen wie mir, und sie lachte. Ich war verblüfft. Ich stand da und fragte: „Wie soll es mir ergehen?"

Sie sagte: „In deinen Träumen wirst du mich finden.

Und sie verschwand. Zuerst dachte ich, es sei von der Schwangerschaft und den Hormonen.

Aber ich wollte abwarten. Es war kurz vor meiner Niederkunft und ich war noch nicht verheiratet. Es kamen einfach keine Papiere. Ich fragte mich, warum passiert hier das alles, was meiner Mutter, Tante und auch Oma passiert war? Ein uneheliches Kind zu bekommen.

Ich bekam immer wieder Wehen, konnte zwei Tage lang nicht mehr schlafen.

Mein Sohn wollte nicht kommen. Er bereitete mir Schmerzen. Die Geburt wurde eingeleitet. Drei Stunden lag ich in den Wehen. Dann endlich wurde er geboren um 13.03Uhr. Er wurde mir sofort auf den Bauch gelegt. Er sah wie ein kleiner Filmstaraus, so als wenn er gerade beim Friseur war. Mein Mann war ganz stolz, er gab mir einen großen Kuss und er nahm ihn auf den Arm wollte ihn nicht mehr vom Arm lassen. Er fragte nach einer Stunde die Hebamme ob etwas mit dem Kleinen nicht stimmt, denn er schreit gar nicht. Er ist so ruhig.

Die Hebamme sagte: „Machen Sie sich keine Sorgen, der ist nur total erschöpft von der Geburt. Er wird schon noch schreien."

Ich erfuhr was Liebe ist. Ich hatte meinen Sohn immer im Arm. Ich liebte diesen Kleinen, so wie es sein soll.

39

Es war sehr merkwürdig. Ich wünschte mir so sehr, dass ich hätte heiraten können, bevor er geboren würde.

Mein Mann kam am Abend mit seinem Bruder und lachte und sagte: „Wir können heiraten, die Papiere kamen, an dem Tag wo er geboren worden ist.

Aber nun wollte ich noch etwas warten. Musste erst mal damit fertig werden, Mutter zu sein.

14 Tage später heirateten wir, und mein Sohn war dabei. Bald schon darauf war ich schwanger mit meiner Tochter. Sie stellte sich genauso vor, wie mein Sohn. Nur mit dem Namen Sybille. Ich aber ignorierte das, und erfuhr erst im dritten Monat, dass ich schwanger war.

Ich hatte in dieser Zeit auch unerklärbare Wutattacken und schrie nur herum.

Mein Mann musste echt viel Geduld mit mir aufbringen, aber als ich von meiner Schwangerschaft erfuhr, da wurde ich ruhiger.

Die Schwangerschaft lief aber mit einigen Problemen. Ich hatte immer wieder Wehen und Fieberschübe.

Als wenn jemand versuchte, mir meine Tochter weg zu nehmen.

Kapitel 8

Erster Kontakt mit Engeln

Um genau Mitternacht begannen meine Wehen, und die Fruchtblase sprang.

Mein Mann brachte mich ins Krankenhaus. Eine Nonne erwartete mich schon. Ich fühlte mich geborgen, in ihrer Gesellschaft.

Ich sagte, es ist eine sehr schöne Nacht meine Tochter zu bekommen, denn es war eine Vollmond Nacht. Die Sterne leuchteten sehr stark.

Um 8.03Uhr wurde sie geboren. Der Arzt wunderte sich, dass der ganze Körper von ihr voll mit Schleim war und sagte, dass das normalerweise nur 7 Monatskinder haben. Die Nonne grinste und sagte, sie ist ein ganz besonders Kind, von Gott gesandt. Der Arzt lachte und sagte: „Ja das wird wohl so sein."

Meine kleine Tochter, schrie so laut und ohne Ende. Selbst ich konnte es kaum noch ertragen. Es war, wie ein Schrei um Trauer und um Hilfe.

Mein Mann sagte, er fände es süß.

Sie war so oft krank, hatte Lungenentzündungen. Sie wollte nicht essen.

Stundenlang lief ich ihr tagein, tagaus mit einem Teller und Löffel hinterher.

Wir zogen nach Italien, weil ein Arzt meinte sie bräuchte Meeresluft, sonst würde sie sterben.

Jeder aus der Familie half mir, damit sie aß. Sie besuchte den Kindergarten. Die Erzieherinnen verstanden das auch nicht, sogar die Ärzte verstanden das nicht.

Sie weinte immer wieder ohne Grund und sprach kaum ein Wort.

Eines Nachts rief sie mich. Sie konnte auf einmal sprechen. Sie erzählte, sie habe eine Hexe gehört. Und sie sagte: „Bitte Mama, passe auf dich auf und vergesse nicht wer du bist."

Ich verstand das nicht, aber ich freute mich so sehr, dass sie mit mir sprach.

Ich nahm sie in den Arm und sagte: „Wenn Du Angst hast, dann rufe mich oder komme in mein Bett. Ich werde immer da sein für dich."

Sie antwortete: „Nein, ich für dich Mama."

Damals verstand ich das nicht, aber heute schon. Sie redete immer mehr aber wie in Geheimnissen. Sie unterhielt sich mit jemandem, den ich nicht sah.

Ich dachte, Kinder sind ebenso, und ich ließ sie es tun.

Meine Albträume fingen wieder an.

Ich lief eine Wendetreppe herunter.

Ich war auf einer Burg und trug ein wunderschönes Kleid. Und da sah ich sie, die schwarze Frau. Sie schrie mich an: „Auch du wirst es nicht schaffen, es wird sich alles wiederholen.

Ich fragte: „Was wird sich wiederholen? Sie grinste und sagte: „Schwesterherz, du weißt es."

Und jedes Mal, wenn ich sie weiter fragen wollte, weckte mich meine Tochter auf und rief mich.

Eines Nachmittags, als ein starker Südwind wehte, schlief ich sehr tief. Es war so heiß; über 40 Grad. Auf einmal klopfte es an der Eingangstür.

Mit aller Kraft versuchte ich aufzustehen, aber in meinem Traum war ich wie angewachsen. Ich sah die Eingangstür.

Sie wurde immer heller, sie strahlte sehr viel Wärme aus. Ich wollte sie öffnen, aber ich kam nicht an die Tür. Da stand sie wieder, diese schwarze Frau und sie lachte mich aus. Auf einmal hörte ich meine Oma da draußen schreien und an der Tür klopfen: „Nati, lass mich rein. Du hast es mir versprochen!"

Aber diese Frau ließ mich nicht an die Tür. Auf einmal war alles ganz leise, und ich erwachte als mein Mann mich weckte und sagte: „Was ist denn los mit dir? Du schlägst um dich und schreist, und du bist ja ganz nass geschwitzt, was ist denn los mit dir?"

Ich erzählte von meinem Traum. Mein Mann fragte mich: „Hast du ihr was versprochen?"

Ich fing an zu weinen und sagte: „Ja, ich wollte sie nach Hause holen. Sie wurde von meiner Mutter ins Pflegeheim gesteckt, sie wollte doch eine Familie und ich versprach ihr doch, sie zu holen sobald ich meine Familie habe. Aber ich konnte das ja nicht, sonst hätte ich meine Familie wieder getroffen, mit all ihren gierigen und böse Reihen."

Er nahm mich in den Arm und sagte: „Sie wird dir nicht böse sein."

Ich stand auf und suchte und fand in einem alten Karton das Bild meiner Oma. Ich stellte es auf. Und ich sagte zu ihr: „Es tut mir leid, dass ich mein Versprechen nicht einhalten konnte. Nun sollst du hier einen Platz in meinem Haus haben."

Es kam auf einmal ein Windzug durch den Raum. Die Türen schlugen zu.

Und ich hörte eine leise Stimme „Danke" sagen.

Ich brach in tiefe Tränen aus.

Wir lebten drei Jahre dort. Ich sah und fühlte so vieles dort, was ich damals noch nicht erklären konnte.

Ich liebe das Land, die Olivenbäume, aber ich verstand nicht, woher das kam. Diese Verbundenheit dieses Landes, als ob ich dort geboren wäre.

Sogar die Sprache kam mir vor, als ob es meine Muttersprache wäre.

Dann zogen wir zurück nach Deutschland. Meine Tochter und mein Sohn wuchsen ganz normal auf und besuchten die Schule.

Ich begann mit einer Ausbildung zur Altenpflegerin. Dort lehrten sie uns das Fach „Lebens- und Glaubensfragen". Mancher wird jetzt glauben, ach ja, Religionsunterricht. Nein, es war der Einstieg für mich, über viele andere Kulturen zu lernen, wie sie mit dem Thema Tod umgehen. In dieser Zeit hatte ich immer mehr den Drang danach, mein Leben mit meiner Familie in Ordnung zu bringen.

Ich öffnete mich immer mehr. Ich träumte aus Vergangenem und aus der Zukunft. Nur nahm ich das nicht für so wichtig.

Eines Tages gab es wieder einmal das Fach Lebens und Glaubensfragen in der Schule. Der Lehrer brachte einen Karton mit, und sagte: „Heute sprechen wir mal über die Engel." Er kippte den Karton aus und es lagen ganz viele Karten auf den Tisch.

Er sagte: „Kommt nach vorne und sucht euch einen Engel aus."

Ich suchte und fand keinen. Er fragte mich: „Warum findest du keinen?"

Ich sagte, hier liegt keiner, der zu mir gehört. Er grinste: „Es ist doch komisch, dass Du mit deinen Antworten immer anders bist.

Du bist ein außergewöhnlicher ganz besonderer Mensch, wenn du etwas sagst zu einem Thema, beendest du alles und hast alles gesagt. Woher nur kennst du dich so gut aus?"

Ich wurde rot und sagte: „Keine Ahnung, das fühle ich einfach."

Meine Schulkameradin sagte: „Ich bringe dir mal morgen meine Karten mit, vielleicht ist da ein Engel dabei."
Am nächsten Tag brachte sie einige Karten mit und sagte: „Schau mal, ist er dabei?"
Ich griff sofort nach dem grünen Engel. Und rief: „Das ist er."
Sie fragte: „Weißt du wer das ist?"
Ich sagte: „Nein, aber er strahlt so viel Liebe und Wärme aus."
Sie antwortete:" es ist Raphael der Gesundheitsengel."
Ich schreckte zurück, auf einmal fiel mir ein, dass meine Oma immer sagte: „Rufe Rafael, es ist dein Schutzengel der Gesundheit." Auch las mir einmal jemand aus meiner Hand und sagte mir das. Auch in Italien sagte es immer wieder meine Schwägerin zu mir, aber ich wollte wohl nicht so recht zuhören.
Ich nahm diesen Engel mit nach Hause, denn ich wusste da noch nicht, was auf mich zukam.
Ich träumte von einem Unfall mit einem jungen Mädchen, aber ich glaubte da nicht an das, was dann passierte.
Die Tochter meiner Schulkameradin verunglückte mit dem Auto, an dem Tag, als wir die Prüfung zur ersten Hilfe absolvieren sollten.
Ich fuhr so wie jeden Morgen zu ihr, um sie abzuholen. Ihr Mann kam weinend aus dem Haus und erzählte, dass ihre Tochter schwer verunglückt sei, und dass die Ärzte nicht glauben, dass sie durchkommen wird.
Ich war geschockt. Ich lief nach Hause und kopierte das Bild von Raphael und brachte es ihr, mit der Bitte, es über das Bett auf der Intensivstation zu hängen. Und ich hoffte innerlich, dass er ihr hilft.
Ihre Tochter lebt. Sie hat heute noch das Bild.

45

Die Original Karte steht noch heute auf meinem Schreibtisch in einem wunderschönen Bilderrahmen aus Silber.

Rechts von mir, wo ich täglich Emails beantworte und auch meine Bücher schreibe.

Seitdem glaube ich an Engel.

Nun war es soweit. Ich beschloss meine Kindheit abzuschließen, und mich bei jedem zu bedanken, der etwas Gutes für mich getan hat.

Nach 15 Jahre rief ich meine Tante an und lud sie ein.

Ich glaubte ihr etwas schuldig zu sein. Für die schönen Momente in meinem Kinderleben.

Bei ihr lernte ich Fahrrad und Schlittschuh zu fahren, und vieles mehr.

Ich lud sie ein, mich zu besuchen, und holte sie vom Flughafen ab. Es kam in mir ein seltsames Gefühl auf.

Aber ich wollte mich für alles bedanken.

Wir standen am Flughafen und warteten auf sie.

Da war sie. Sie war sofort zu erkennen.

Sie lief stolz, gerade Oberkörperhaltung, gut geschminkt.

Alles war perfekt an ihr, sogar ihr Parfum. Nur ihr Blick war leer und ohne Liebe.

Sie gab mir einen Kuss, und ich hatte das Gefühl wie einst bei meinen Träumen.

Sie schlief mit meiner Tochter in einem Zimmer. Meine Tochter wurde irgendwie anders. Sie sprach nicht viel mit mir, und nachdem die Tante fort war, machte sie kaum noch Hausaufgaben. Die Leistungen ließen nach.

Sie redete kaum mit mir. Ich hatte kaum die Chance dazu, und wenn sie redete, sprach sie in seltsamen Sprachen die ich nicht verstand.

Sie legte drei Steine auf den Boden in einer Dreieckform, hängte überall

46

Vampire an die Tapeten. Sie zog sich schwarz an und ihre Freundschaften kamen alle aus kaputten Familien.
Ich dachte, es ist die Zeit so.
Es wird sich alles ändern.
Anfang des siebzehnten Lebensjahres lief sie fort, wollte nicht mehr nach Hause kommen.
Sie gab ihr Praktikum und ihre zukünftige Lehrstelle auf.
Sie lebte bei einem Jungen der nicht arbeiten gehen wollte, und sie ging ihren Verpflichtungen nicht nach. Ich hielt immer weiterhin Kontakt zur ihr, als Freundin. Aber es machte mich fertig. Ich machte mir selbst Vorwürfe und fragte mich immer wieder, was habe ich nur falsch gemacht?
Ich kam auf keine Lösung. Ich fand keine Fehler.
Nur eines fiel mir auf, in demselben Alter bin ich auch von daheim weggelaufen.
Aber sie hatte doch eine Familie. Ich hatte doch keine und ich schenkte ihr Liebe.
Aber es sah aus, wie ein Verhaltensmuster. Mir kam es vor, als ob sich alles wiederholen sollte.

Kapitel 9

Die Offenbarung des Geheimnisses

Wir telefonierten und chatteten oft miteinander. Ich machte ihr keine Vorwürfe. Ich war ihre Freundin.
Meine Träume fingen wieder an.
Ich sah meine Tochter vor der Tür stehen.
Sie war schwanger. Sie weinte. Ich wollte sie hineinlassen, aber auf einmal stand diese schwarzhaarige Frau wieder vor mir und ließ das nicht zu.
Sie sah ganz wütend aus, und sagte:
„Es soll ihr genauso ergehen wie dir,
und all den anderen Frauen dieser Blutbahn."
Von hinten hörte ich: „Nati, gebe nicht auf, helfe ihr!" Es war die Stimme meiner Oma.
Ich erwachte mit Weinkrämpfen.
Ich rief sofort meine Tochter an und erzählte ihr was ich geträumt hatte.
Sie antwortete ziemlich ängstlich. Sie hat auch so fürchterliche Träume. Schon seit langem, aber sie wollte es mir nicht sagen, weil es noch nicht so weit wäre, um eine Antwort darauf zugeben.
In der nächsten Nacht stand ich wieder auf der Klippe und der Rasen war so schön grün. Da hockte ein kleines Kind vor mir: „Wer bist du?" Fragte ich.
Sie schaute mich mit ihren großen Augen an, und auf einmal sagte sie zu mir: „Ich bin die Tochter, die du nie haben wolltest. Und sie sprang auf und sprang die Klippen hinunter.
Ich versuchte sie noch zu halten,

es war vergebens.
Die Träume nahmen immer mehr zu. Immer wieder zeigte sich dieses Kind mir, es sagte immer wieder dasselbe.
Ich sah in den Träumen das Mädchen heranwachsen.
Sie war es. Die schwarze Frau.
Ich fragte sie, warum sie hier ist. Sie sagte: „Ich bin deine Schwester, suche mich."
Seit dieser Satz aus ihrem Mund kam, begann ich eine Reise in meinen Träumen. Ich sah mich über Wendeltreppen laufen mit schönen Kleidern und sah sie dort stehen, die schwarze Frau. Sie schaute mich traurig an.
Sie sagte nichts, schaute mich nur an.
Warum sprach sie nicht mit mir, habe ich ihr weh getan?
Ich rief danach meine Tochter an, wollte darüber mit ihr sprechen. Sie sagte: „Ich komme zu Dir. Es ist Zeit mit dir zu reden."
Endlich war sie wieder bei mir. Ich hatte aber das Gefühl, als ob sie trauerte.
Sie sagte, ich muss dir sagen, warum ich weglief. Und nicht mehr nach Hause kommen möchte.
Sie kam mich besuchen. Sie war stark abgemagert und ganz blass. Sie hatte Tränen in den Augen.
Sie setzte sich auf die Couch und fing an zu erzählen, dass sie auch solche Träume hat. Und gleichzeitig beschrieben wir diese selbe Frau.
Sie sagte, seit die Tante zu Besuch da war, seitdem begann das alles.
Diese schwarzhaarige Frau kam aus ihren Kinderzimmerschrank und sagte, wenn Du nicht fort gehst, dann werde ich deinem Vater sehr weh tun, und mit in den Brunnen ziehen.

Sie erzählte, dass sie ganz schnell die Frau in den Brunnen einsperrte und sie klopft und schreit jede Nacht nach ihr.

Die Frau sagte: „Dass Du mich nicht liebst sondern hasst und deshalb hat sie auch die Tante ins Haus geholt.

Ich sagte: „Nein, ich liebe dich und ich werde dich nie hassen. Meine Tür ist immer offen für dich." Auf einmal rutschte mir aus meinen Mund der Satz, wie meine Oma es mir immer wieder sagte, für deine Tochter lasse die Tür immer wieder offen verschließe sie nie. Es soll dir nie so gehen wie den anderen unserer Vorfahren.

Meine Tochter stand weinend auf und sagte: „Ich werde jetzt gehen, diese Frau macht mir Angst. Ich melde mich."

Dann ging sie.

Ich verstand mich selber nicht mehr. Wer war diese Frau und was wollte sie von uns?

Ich wurde immer trauriger und rief um Hilfe: „Bitte sagt mir doch jemand, was ich tun soll.

Warum ist es ein großes Rätsel und keiner gibt mir eine Antwort?"

Ich weinte und hörte auf einmal meine Oma zu mir sprechen.

Sie hörte sich so friedlich an. Sie sprach: „Nati, es ist die Zeit gekommen,

wo du diesen Fluch brechen sollst. Nur du und deine Tochter können es schaffen. Aber zuerst sollst du deine Schwester finden, denn sie ist der Schlüssel dazu. Du wolltest sie doch immer etwas fragen. Tue es.

Halte deine Tochter bis sie 18 Jahre ist bei dir. Sonst wird deiner Enkelin dasselbe passieren.

Ich habe dich alles gelehrt, erinnere dich daran. Und nehme dann deine Aufgabe an. Denn deine Tochter ist aus Liebe zu Dir gekommen. Du wirst noch alles erfahren.

Benutze das, was dir gelehrt worden ist, und habe keine

Ängste, vergesse mich nicht." Meine Oma lachte und sagte: „Schaue mal in die moderne Technik. Das was man heute Computer nennt."

„Ja, meine kleine Schwester."

Wie sollte ich sie denn finden nach 20Jahren?

Und es wurde still im Raum. Ich setzte mich gleich an den Computer und suchte nach meiner Schwester. Auf Anhieb fand ich sie in einer Suchmaschine für alte Schulkameraden, bei "StayFriends".

Ich schrieb sie an, und wir telefonierten. Wir sprachen miteinander, wir waren wie Zwillinge, nur verschieden. Es war wie ein Wunder. Wir durften nie miteinander sprechen, und jetzt war ich so glücklich, es endlich zu tun.

So konnten wir beide unsere Kindheit verarbeiten. Noch heute reden wir viel miteinander. Und wir werden uns auch noch treffen.

Mit meiner Tochter kam ich nicht weiter. Ich fing an wieder zu weinen,

und war bald am Verzweifeln. Ich musste mir etwas einfallen lassen.

Was sagte meine Oma doch noch gleich? Benutze die Technik. Und das tat ich dann auch.

Es fing damit an, dass ich wieder einmal total verzweifelt war, denn ich wusste, dass die Zeit immer näherkam, und ich sollte diese Aufgabe lösen. Dieser Fluch musste unterbrochen werden. Nur wie? Ich dachte, ich werde mich selbst noch verlieren, und hatte das Gefühl bald Zusammenzubrechen.

Ich stand auf und rief: „Ist denn keiner da, der mir hilft?!"

Auf einmal ging eine Tafel auf, auf meinem Computer, und da stand in einem kleinen Schild geschrieben: „Du hast mich gerufen?"

Ich war erstaunt und sagte: „Was soll denn das jetzt, wer ist das?"

Ich schrieb zurück: „Ich habe niemanden gerufen." Und es kam die Antwort „doch. ich bin da, um dich zu begleiten."

Zuerst telefonierten wir miteinander. Das, was ich vorher niemals tat, mit einem wildfremden Menschen gleich alles zu erzählen, tat ich nun.

Aber ich spürte, dass es mir guttat.

Danach bat sie mich, mich an den Computer zusetzen und die Augen zu schließen. Ich sollte fühlen wie ihre Wohnung aussah was sie gerade tat und sie beschreiben wie sie aussah.

Es grenzte fast wie ein Wunder. Ich konnte es. Es fiel mir auf einmal alles wieder ein, was ich als Kind schon konnte. Wie konnte ich das nur vergessen haben?

Ich bat sie, mit meiner Tochter im Chat Kontakt aufzunehmen.

Sie tat es. Auf einmal sagte sie zu mir: „Ich darf nicht mit ihr sprechen."

Ich wollte wissen warum. Sie sagte, sie darf es nicht sagen.

Ich schrieb meine Tochter an und fragte warum sie nicht mehr mit der Frau sprechen will.

Sie sagte: „Mama, ich würde gerne, aber ich darf nicht, es ist verboten.

Ich verstand gar nichts mehr. Ich war kurz davor durchzudrehen.

Ich wollte wissen wer da was zu sagen hat, jemandem etwas zu verbieten.

Es ging drei Tage so. ich betete immer wieder zu Gott, mir doch mal eine kleine Antwort zu schicken, damit ich weiterweiß.

Es ging die Tafel auf, die Frau sagte: „Ich habe die Erlaubnis dir etwas zu sagen."

52

Ich war neugierig. Auf einmal Erlaubnis? Ich hörte und verfolgte erstaunt den Text. Ich glaubte nicht richtig, was ich da zu lesen bekam,
zuerst glaubte ich schon wieder daran, an Schizophrenie erkrankt zu sein.
Sie war die Lehrerin von meiner Tochter und sie hatte ihr einmal sehr weh getan. Sie hatte sie nie für ernst genommen. Und sie musste die Schule verlassen, weil sie gegen das Gesetz verstoßen hatte. Und ich solle meiner Tochter sagen, dass es ihr sehr leidtut. Ich verstand erst nichts, ich fragte was für eine Schule?
Sie sagte nicht hier auf Erden. Eine Vorleben-Schule. Man lernt, wie ein Mensch zu sein, in diesem Körper zurechtzukommen, und du lernst vorhandene Seelensachen und Fähigkeiten in diesem Körper zu halten.
Dann ging wieder eine Tafel auf. Meine Tochter schrieb, dass das wahr ist.
Ich fragte: „Habt ihr euch abgesprochen?" Sie sagte:
„Nein. es ist die Zeit gekommen, um dich zu erwecken. Du sollst die Wahrheit erfahren.
Das, was ich jetzt hier schreibe sind die Worte von meiner Tochter.
Es entspricht der Wahrheit.
„Mich kanntest du schon vor meiner Geburt. Du hattest es dir gewünscht, tief in deinem Inneren. Ich war oft neben deinem Bett, wo du geweint hast.
Aber ich konnte nicht mit dir reden. Ich habe dich gerufen, du hast weitergeweint.
Wie oft hast du versucht dein Gesicht in das Kissen zu drücken und batest Gott, dass du sterben wolltest. Ich versuchte dich immer zurückzuziehen.
Kannst du dich erinnern?"

Sie erzählte mir so viele Sachen aus meiner Kindheit die nur ich wissen konnte.

Ich war den Tränen nahe.

Dann fing sie an, mir meine erste Aufgabe, die ich hätte, zu erklären.

„ Nur durch das Licht können wir dir helfen. Die schwarzhaarige Frau ist Annabell deine Schwester. Weil sie jemand sucht, ist sie eine verlorene Seele in der Familie. Die Seele wurde mit der Zeit zornig. Du hast die Gabe sie zu finden. Wir sind nur zum Helfen da, wir halten dich auf dem Weg. Die Zukunft der Nachkommen entscheiden sie selber, das ist der Lauf des Lebens. Aber das Gleichgewicht droht zu verfallen, deshalb der ganze Aufstand. Die Zukunft der Nachkommenden entscheiden sie selber das ist der Lauf des Lebens aber das Gleichgewicht droht zu verfallen.

Das Gleichgewicht stimmt nicht mehr. Jeder Mensch hat eine Aufgabe im Leben. Wenn ein Mensch vor seiner Aufgabe stirbt, dann ist das Gleichgewicht nicht mehr da, dann wird ein Engel ausgewählt der das bereinigen kann. Du bist einer von diesen Engeln.

Unsere Vergangenheit ist das, was wir nicht kennen. Die Zukunft ist das was wir noch zu erkennen versuchen.

Das wichtigste ist: niemand kennt seine Aufgabe.

Ich sage es Dir vor Angst um die Seele, denn ich kenne sie nicht.

Es ist beängstigend, ich kenne das sehr gut. Deine Träume damals waren nicht ohne, das muss ich echt zugeben, da habe ich selber einmal geweint. Die verlorene Seele, die den Ausgang nicht findet, sie schreit um Hilfe. Aber wir können sie nicht finden. Ich kann nicht viel, deswegen ist meine Lehrerin da. Sie hat lange Erfahrungen. Ich bin noch lange nicht so stark wie sie.

Du kannst in die Zukunft sehen. Naja nicht direkt in die Zukunft sehen, du kannst in die ungeschriebene Zukunft schauen, du siehst Dinge, die passieren können und du kannst die Menschen warnen.

Die Seele weiß nicht wohin sie soll, deswegen geht sie in den Kreis, wo sie vom gleichen Blut ist.

Ich gehöre nicht zu den Engeln. Es gibt wenige von meiner Gattung, die zu euch halten, manche Elfen mögen Engel nicht.

Als ich mich damals in einen Engel verliebte, brach die Barriere in mir und ich hielt zu euch, und daher bin ich eine kleine Hilfe für euch.

Naja es gibt Dinge, die man nicht wissen sollte. Ich bin gerade jemanden

am Suchen und glaube, ihn gefunden zu haben, bin mir nicht sicher, deshalb habe ich zurzeit ziemlich Probleme.

Ich suche einen Engel. Einen der Mächtigsten. Ich habe ihn gefunden, seine Wiedergeburt, deshalb spiele ich ständig am Computer."

Dann fragte sie mich: „Mama, bitte helfe mir. Du kannst es spüren ob er ein Engel ist oder nicht!"

Zuerst war ich überrascht, warum denn ich? Auf einmal fielen mir wieder die Fragen ein, die man stellt, um einen Engel zu erkennen.

Fragen die nur ein Engel beantworten kann.

Ich schlich mich also ins Internet und gab mich dort als Elfenengel aus.

Es war ein Spiel, wo sich viele Jugendlichen trafen, die Probleme daheim, oder keine Arbeit hatten. Und auf das Leben keine Lust mehr hatten.

Sie saßen an Häusern und Straßenleuchten, sie lösten sich in Luft auf.

Sie unterhielten sich nur über traurige Sachen.

Sie suchten dort nach Liebe.
Da traf ich ihn, den mächtigen Engel, den meine Tochter
gefunden hatte.
Ich sprach ihn an, und stellte ihm Fragen über das Denken
des Lebens, der Geburt, des Daseins und dessen Aufgabe.
Er antworte mit Herz, und sehr viel Liebe und Verständnis.
Ich fragte warum er hier sei, in diesem Spiel.
Er sagte, weil er versucht die,
Menschen hier herauszuholen, denn sie brauchen Hilfe.
Ich fragte, ob er hier jemanden kennen gelernt hat mit den
Namen Sybille.
Er sagte ja, er ist dabei, sie hier heraus zu holen.
Wir trafen uns dann im Net auf einen privaten Chat.
Wir tauschten uns aus, über Denkweisen und über Träume.
Da kamen wir auf eine blonde Frau, die er sucht, von der er
träumt. Und ich erklärte ihm, dass er sie schon gefunden
hat.
Sie ist so nah, und ist auch in diesem Spiel.
Ich sagte ihm, dass eine Elfe sich in ihn verliebt hat, und
dass sie einst schon einst ein Paar waren.
Er lachte erst, und wollte mir nicht glauben.
Dann beschrieb ich, wie er aussieht. Er schickte mir ein
Foto von sich.
Als ich das Bild öffnete, blieb mir fast die Luft weg.
Es war der Mann, den ich in meinen Träumen als
Schwiegersohn sah.
Ich sagte es ihm. Zuerst fand er das lustig.
Aber er wurde so neugierig, dass er mich bat, dass er mit
Sybille Kontakt aufnehmen kann.
Ich rief meine Tochter sofort an, und sie war so glücklich
und sagte: „Jetzt komme ich nach Hause."
Sie kam nach Hause und wir sprachen miteinander. Sie
sprach mit dem jungen Mann und er kam uns besuchen.

Heute sind sie glücklich zusammen seit 2006, sind verheiratet und haben eine Tochter.
Meine Tochter kam zurück nach Hause. Wir hatten viel zu erzählen. Wir tauschten Träume aus, und erzählten uns über das Leben der Elfen,
der Engel und der Kosmischen Gesetze.
Ich erzählte ihr, dass ich einen Traum hatte. Ich träumte von einem kleinen Eckhaus, an dem die Markisen an den Fenstern heruntergelassen waren. Es standen viele Menschen da herum. Ich fragte die Leute, was da los sei. Sie antworteten das R. heute ihr Baby bekommt, und die Sonne schien ganz hell und es war sehr warm. Meine Tochter wollte wissen ob es so sei, und ich erwiderte ihr, dass ich im September zu meiner Freundin sagte, dass sie schwanger wird, doch sie glaubte es mir nicht, und ging zu jemandem, der in die Zukunft sehen kann, und die bösen Geister vertreiben kann.
„Und weißt du was passierte?" Fragte ich sie.
Sie lachte: „Na was schon, sie ist schwanger. Ich lachte und sagte: „Ja, sie weiß es seit November."
Und noch etwas Lustiges. Sie hatte mich zu Tee eingeladen und zeigte mir eine kleine Schachtel für ihre Schwiegermutter. Es lagen ein Ultraschalbild und ein Nuckel drin.
Als sie mir das Bild zeigte, sagten wir beide gleichzeitig „Er".
Sie schaute mich an und sagte: „Habe ich er gesagt und du auch?"
„Ja", sagte sie, „woher wissen wir, dass es eine Junge wird?"
Ich grinste nur und sagte: „So ist es richtig."
Und nun warten wir auf die Geburt des kleinen Ehrenbürgers.

57

Meine Tochter entschloss sich mit der Schule weiter zu machen, und arbeiten zu gehen.
Ich dachte es würde alles gut gehen, aber sie hatte mir noch nicht alles gesagt. Über sich, und was da noch ist. Und, dass ich ihr helfen muss.

Kapitel 10

Meine Tochter rette mir mein Leben als Kind

Es war soweit meine Freundin bekam ihr Baby.
Ich fuhr mit meiner Tochter ins Krankenhaus um den
Kleinen zu begrüßen.
Als wir in den Fahrstühlen des Krankenhauses ein stiegen,
und die Fahrstuhltüren aufgingen, da zog sich meine
Tochter immer wieder zusammen. ,,Was hast du fragte ich
sie?" „Weißt du wie das ist, wenn man auf den Liegen hier
Tode sieht, und Verblutete.
Das sehe ich schon seit ich lebe."
Sie hatte Tränen in den Augen.
Zuerst dachte ich meine Tochter sei an Schizophrenie
erkrankt, aber ich riss mich zusammen und sagte ich bin
bei dir, nehme es nicht für wahr. Man muss lernen, damit
umzugehen. Ich habe es geschafft und du wirst es auch
schaffen. Wir helfen uns gegenseitig.
Sie atmete durch, aber ich spürte, dass da noch etwas war.
Wir besuchten den kleinen Mitbürger, und meine Freundin.
Beiden ging es gut: Der stolze Papa und die Omas waren da.
Nach einer Weile fragte ich meiner Tochter ob wir mal
schnell in den Garten gehen wollen. Sie strahlte und sagte
ja sehr gerne. Ich wusste, dass was mit ihr nicht in
Ordnung war.

Im Park des Krankenhauses gingen wir spazieren, ich fing
an und sagte:
„Erzähle mir alles warum alles so war, und warum du nicht
versuchst Du selber zu sein."
Sie bekam Tränen in die Augen. Ich sagte, keiner kann
unsere Liebe zerstören, es ist egal ich halte zu Dir."
Dann atmete sie tief ein und fing an zu reden.
„Es war so wie du weißt, war ich immer bei dir als du ein
Kind warst, oft versuchte ich dich zu trösten, versuchte
dich davon abzuhalten, dass du dich selbst im Kissen
erstickst. Deine Träume die du träumtest waren echt nicht
ohne, selbst ich musste weinen.
Ich habe dich so sehr geliebt, und du wünschtest dir immer
eine Tochter.
Weißt du das noch, ich sagte ja ich wünschte mir eine
Tochter so wie auch einen Sohn.
Aber Du wurdest immer wieder krank. und das eine Mal
wurdest du so sehr krank, dass deine Mutter dich nicht ins
Krankenhaus geben wollte.
Sie wollte dich sterben lassen, und ich hatte die Aufgabe
dich zu warnen und Rat zu geben.
Aber ich durfte mich damals nicht mit einmischen, das war
ein hohes Gesetz.
Hast du dich nicht gewundert, als deine Tante uns
besuchte, dass ich nichts mit ihr zu tun haben wollte?"
Ich erwiderte: „ Ich habe nur gemerkt dass du dich
verändert hast."
„Der Grund liegt daran, dass ich damals als du da lagst so
hilflos als Kind,
ohne Hilfe zu sterben, durch die Mutter verurteilt warst,
brach ich alle Regeln, und begann aus Liebe zu Dir einen
großen Bruch,
der Kosmischen Gesetze gegen den hohen Rat.

Ich benutze die Seele deiner Tante und das ist eine
Todsünde, die hoch betraft wird."
Ich war entsetzt, und auch wusste ich in dem Moment nicht
was sie da meinte.
Ich fragte sie:,,Wie meinst du das?"
„Ich benutze den Körper deiner Tante und den ihrer Seele.
Ich lief mit ihrem Körper hinaus und rief Hilfe. Damit
rettete ich dein Leben."
Dann fing sie an zu weinen, und sie sagte:,,Dabei brach ich
mir einen Flügel,
und ich konnte dann nicht mehr ins Licht aufsteigen.
Als Strafe dafür, sollte ich als deine Tochter bei dir leben,
und dir das vor leben was aus dir geworden wäre.
Ich werde bis zu meinem Lebensende immer die Toten
sehen müssen,
das ist so schrecklich. Noch nicht mal ein Gruselfilm ist so
schrecklich!"
Ich nahm sie in die Arme, und sagte: ,,Ich danke dir, dass
du das getan hast. Mir ist es egal ob das eine Sünde war
oder gegen das Gesetzt.
Ich hätte das Gleiche getan. Und du brauchst mir nicht vor
zu leben was aus mir geworden wäre,
denn das ist nicht aus mir geworden was du da jetzt bist.
Ich bin das Gegenteil davon.
Ich weiß das es jetzt weniger wird, dass Du so leiden
musst,
denn Liebe ist stärker als solche Strafen.
Ich werde darum kämpfen, dass das aufhört, und dort oben
darum bitten,
dass sie dir vergeben werden."
Sie strahlte auf einmal, ihre, Augen wurden größer, und es
wurde hell um sie als ob sie aus einem Märchen kommen
würde.

Seitdem bin ich nicht nur ihre Mutter sondern auch ihre Freundin. Wir verstehen uns sehr gut, und ich bin stolz so eine Tochter zu haben.

Wenn ich überlege, was sie als Baby und als Kind sehen musste, dann verstehe ich, warum sie immer so schrie.

Ab da fing meine Aufgabe erst richtig an. Als erstes brachte ich Annabell dazu, mir zu vertrauen und ins Licht zugehen. Sie wird jetzt neu geschult in der Schule des vorlebens.

Ich gestaltete meine erste Homepage www.elfenengel.de. Dass ich kaum noch dazu komme an meiner Homepage zu arbeiten und an meinen Bildern, die ich selbst gestalte, hängt damit zusammen, dass ich immer und immer wieder angeschrieben werde.

Es sind immer dieselben Sorgen, und ich helfe vielen Menschen in Nöten mit Rat.

Die Probleme die sie haben, sind Ängste, Familienprobleme, verlorene Seelen. Ich arbeite viel an Sterbebegleitungen und begleite sie über das Net. Ich versuche, den Hilfesuchenden wieder Mut zu geben und auf den richtigen Weg zu bringen. Nicht zu hassen, sondern zu lieben, und vieles mehr.

Mein Postfach läuft manchmal über, oder der Chatroom ist mit Hilferufen übersät. Es ist schwer allen zu helfen. Besonders der Kummer den ich dort spüre, aber es ist nun mal meine Aufgabe, verlorene Seelen ins Licht zu begleiten. Ich kann natürlich nicht jedem helfen, denn nicht alle sind mir zugeteilt worden. Es gibt ja noch viele unter uns die diese Aufgabe haben.

Inzwischen, bevor das Buch endlich erscheinen sollte, passierte etwas in meiner Familie.

Der Mann meiner Schwester bekam einen Herzinfarkt, alle meinten er liege im Sterben.

Durch sie weiß ich jetzt, dass ich immer die Wahrheit sagen sollte über das, was ich sehe, und nicht durch die Blumen sprechen soll.

Denn sie hat Recht damit, ich hätte sie warnen sollen.

Beide ihrer Töchter sahen in den Nächten ihren Vater.

Er weckte seine Jüngste, um in den Kindergarten zu gehen.

Meine Schwester weckte er, dass sie auf das Feuer aufpasst, damit es nicht ausgeht.

Seitdem glaubt meine Schwester daran, und sie redete mit ihm und er überlebte. Keiner von der Schulmedizin glaubt, dass er noch mal ein normales Leben führen kann, weil der Sauerstoffgehalt zu wenig war und sie große Schäden feststellten.

Aber ich weiß, wenn wir fest daran glauben schafft er es.

Ich freue mich so sehr, dass meine Nichten auch unsere Fähigkeiten haben.

Mein nächstes Buch das ich bis November 2009 noch schreiben werde,

soll den Titel „Die moderne Sterbebegleitung heißen".

Es ist in diesen zwei Jahren so viel passiert, was ich gerne in meine nächsten Bücher dann genauer beschreiben möchte: wie ich Hilfe gab und dadurch viele Freunde gefunden habe.

Auf den letzten Seiten meines Buches möchte ich euch eine tolle Malerin und Autorin vorstellen. Sie hatten mich dazu gebracht endlich meine Geschichte zu schreiben. Und dafür danke ich euch.

Ich möchte hier nur einige Sachen kurz beschreiben.

Kosmische Gesetzte: Eingriff in die Natur, die Natur ist nicht vorherzusehen, wie z.B. die Pflanze wächst in Richtung des Lichtes.

*Wenn man sie dreht, dann wachsen sie nach oben
zum Licht, bringt man sie an einen dunklen Ort selbst dort
findet sie einen Punkt von Licht.
Geistige Gesetzte sind Beeinflussungen zu einer Person.
Ich musste lernen, mich zu schützen, durch Energiefelder
und die Lehre der Steine.
Ich musste wieder erlernen, mit Kräutern umzugehen.
Fühlen lernen, aber nicht mit dem Kopf.
Wieder mit Seelen zu kommunizieren. die noch nicht ins
Licht gegangen sind. Selbst unter vielen Menschen kann ich
durch Energien spüren und Seelen reden hören, was mir am
Anfang Angst machte.
Verstorbene kommen oft zu mir und möchten ihren Lieben
noch etwas mitteilen.
Selbst das musste ich wieder erlernen.
Heilen mit den Händen, und die Wahrheit über die Bilder,
die ich aus der Zukunft sehe, zu sagen, auch wenn sie weh
tun.
Ich bin dabei ein Studio aufzubauen, das ich eröffnen
möchte.
Dort wird alles angeboten, wie auch der Austausch von
Hilfesuchenden und Erkrankten. Es werden alle
Heilbehandlungen dort angeboten, die der Seele gut tun.
Auch Angehörige die ihren Partner oder ein Kind verloren
haben, können sich dann dort auftanken. Denn auf Erden
fehlt noch die Trauerarbeit.
Es ist die Ganzheitliche Therapie des Spirituellen, mit dem
Einklang der Engel.
Dies ist aber noch ein langer Weg.
Folgt mir bitte noch auf die nächsten Seiten, ich schreibe
euch hier aus meiner Arbeit und versuche euch etwas zu
erklären.*

Kapitel 11

Warum ....

Schon oft wurde ich angesprochen, ein Buch aus der Philosophie der Engel zu schreiben.
Aber das ist noch nicht so weit, ich hoffe, und weiß es eigentlich schon ganz genau das ich im Jahre 2011 damit beginnen werde.
Ich weiß was für Fragen du, oder ihr, euch immer wieder stellt.
Als erstes, warum hat sie solchen Satzbau?
Weil ich aus einer sehr alten Seele meine Erfahrungen wiedergebe.
Gefühle muss man fühlen, nur sie zu beschreiben, das ist sehr schwer. Was hilft es, wenn man nach den Ansichten andere Menschen schreiben soll und dabei nicht Liebe und Verständnis ausdrücken kann?
Die Antworten nehme ich nicht aus Büchern, es ist mein eigenes Wissen.
Warum bin auf dieser Erde- /oder warum bin ich geboren?
Weil jeder von euch eine Aufgabe hat.

-Über eure Träume, erfahrt ihr vieles, ob ihr schon mal gelebt habt, oder wer ihr gewesen seid.
Träume die euch verfolgen oder euch den ganzen Tag oder tagelang begleiten ,schreibt sie auf, es sind nicht viele die wichtig sind, bis zu 6-10 im Jahr sind es vielleicht.

-Tagträume sowie auch Bilder vor den Augen zeigen euch, was kommen kann, oder das was sein könnte. Ihr selber könnt eure Bilder füllen.

-Auch Kranke, und Behinderte haben die Möglichkeiten. Ihr fragt euch warum müssen die so sein. Was wäre das Leben ohne sie. Sie wollen geliebt werden, ihnen geholfen werden, so wie uns. Es sind besondere Seelen die gewählt haben mit Behinderungen sich zu inkarnieren, um diese Erfahrung zu machen. Die Gründe sind verschieden, z. b. von Anderen sich bedienen lassen, weil sie im anderen Leben selber das gegeben haben oder andere familiäre Gründe Kinder mit "Down-Syndrom" sind sehr hochentwickelte Seelen. Was wären wir ohne sie. Wie sollten wir denn wissen oder fühlen wie es ist Hilfe zu brauchen, oder auch anders leben zu können.

-Der Sinn des Lebens Diese Frage finde ich so süß. Wie viele Menschen haben versucht das wiederzugeben.

Für mich ist es einfach das Dasein, das Leben alles mit Licht Herzlichkeit und Liebe zu erfüllen. Auch wenn viele das nicht können. So schicke ich immer Verständnis und Liebe. Und ich erinnere immer wieder Hilfesuchende in schwierigen Zeiten dazu: „Wenn Du heute nicht weißt wie es weiter geht, dann geht es am nächsten Tag weiter, vertraue darauf"

-Woher kommen wir?
So viele Antworten gibt es, ich sage dazu nur:
Wo fühlt ihr euch wohl? Im dunklen oder in der Helligkeit?
Wir kommen aus dem Licht (-Urknall-)
Das ist auf meiner Homepage beschrieben.

-Die Frage: Bin ich spirituell veranlagt?

Das ist auch wieder eine süße Frage.
Jeder ist es, man muss es nur zulassen.
Wenn ihr euch öffnet und nicht immer hinterfragt, und das
Schlimmste befürchtet, dann fangt ihr an, euch zu öffnen.
Habt ihr ein Pech nach dem anderen, dann fragt ihr euch:
warum ich?
Mit dieser Frage erwartet ihr schon euer nächstes Pech.

Lernt einfach umzudenken....
-Der Tod/- das Sterben, keiner mag darüber reden.
Jeder sagt sich es ist noch nicht so weit......
Ich werde nach diesem Buch die moderne Sterbebegleitung
schreiben.
Es wird Zeit, die Angst davor zu verlieren, und schon sehr
früh darüber zu reden. Und nicht zu sagen, ich bin ja noch
zu jung dafür.
So habt ihr es leichter euch zu öffnen, und später leichter
mal loszulassen. Umso mehr Ängste man hat, umso mehr
fällt einem das Verlassen schwer, oder das Loslassen.

Der Körper zeigt nach außen wie es der Seele geht.
Krankheiten wird es immer wieder geben, die schlimmsten
Erkrankungen hat die Seele, wenn man sie nicht reinigen
oder sie zur stabilisieren bekommt.

Umso weniger hat man organische Störungen, wenn es einen gelingt.
Man sollte nicht alles zu ernst nehmen im Leben, denn das bedeutet Stress, was Ängste, und Krämpfe auslöst.
Lernt bitte umzudenken, auch wenn ihr glaubt, ihr wisst nicht weiter. Vertraut, es geht immer weiter. Für jedes Problem gibt es eine Lösung.
Und das Wort „Aber" ist immer wieder da bei euch, ihr benutz es immer wieder. Habt ihr euch schon gefragt warum? Ihr habt Angst und traut euch nicht, etwas Neues zu tun.
Stellt euch mal vor, die Erde würde so denken, dann würde es sie bald nicht mehr geben.

-Eure Frage: bin ich nichts wert, will mich niemand haben? Dies ist ein Denkfehler und es sind alte Glaubensmuster, die uns heute nichts mehr nützen, geht unter die Menschen, geht auf einander zu, redet miteinander. Wer nicht versucht, etwas zu machen, der wird sich selbst verlieren.

-Computer ist eine tolle Sache, aber viele Jugendliche spielen den ganzen Tag am Computer. Sie wissen gar nicht was sie versäumen, sie vergessen die Natur und das Überleben ohne viel Luxus.

Warum müssen so viele Menschen Bewerbungen schreiben? Viele von Ihnen sind gefrustet.
Es gab Zeiten da wurden auch die Schulabschlüsse nicht groß angesehen.

*Man gab auch einem armen Kind mit schlechten Noten die
Chance einen Beruf zu erlernen.*
Es kam darauf nur auf die Fingerfertigkeit an.
Was ist aus Allem nur geworden, Papier regiert die Welt.
Wo bleibt die Liebe und die Hilfe.
*Es wäre so schön, wenn wir wieder miteinander sein würden,
und für einander da sein könnten.*
*So hätte jeder seine Aufgabe. unsere Kinder gehen zur
Schule um was zu lernen. Jeder hätte Arbeit.*
Aber was lernen sie?
Unterdrückung, ein Kämpfer zu sein, oft alleine zu sein.
*Oft ist jeder Tag den sie in die Schule gehen, für sie wie
ein Kriegszustand,*
*mit der Frage: wer beleidigt mich heute oder wer wird mich
schlagen.*
Soll das so weiter gehen?
Schaut mal in das Fernsehen, was seht ihr da?
*Wo bleibt das Lachen dort, es geht nur noch um Schlagen
und Waffen, brutaler, umso besser.*
Muss das so sein?
Soll das die Zukunft unserer Kinder sein?
*In den Fabriken herrschen Robotermaschinen, für die
braucht man ja keine Steuer zu zahlen.*

Jeder hätte Arbeit, wenn sie nicht wären.
*Eigentlich ist es doch egal ob man auf ein Auto warten
muss oder?*
Wichtig ist, dass jeder Arbeit hat.
Wie soll das noch alles enden?
*Wenn es so weiter geht, werden die Kinder sich gegen die
Eltern erheben. Das wird schon seit 100 Jahren so
vorausgesagt.*

70

Ich kann es auch nicht verstehen, dass man erst mit 67 Jahren auf Rente gehen kann, obwohl die jungen Leute keine Arbeit haben.
Denn in vielen Berufen kann man bis dahin nicht mehr arbeiten.
Nur einige zu benennen wären:
-Zimmermann
-Gesundheitsberufe z. B. Altenpflege, Krankenschwester
Und noch viele mehr die auf dem Bau arbeiten.
Die Politiker sollten mal einige Wochen diese Arbeiten mit uns machen.
Dann würden sie verstehen was das bedeutet.

Und eine Frau hat ja mehrere Berufe: Mutter, Hausfrau Kindererziehung und Arbeit.

Warum muss ein Politiker noch über 70 arbeiten?
Wo bleiben hier die jungen Leute!

Kapitel 12

Hier möchte ich euch kurz die Zusammenarbeit, der Elfen und der Engel erklären.

Sie standen immer auf Kriegsfuß, weil die Elfen und Feen glaubten, dass sie unnütz waren.

Sie haben mit den Engeln rivalisiert,

bis sie begriffen haben, dass die Engel für die Menschen sind und die Elfen und Feen für die Natur.

Wenn die Engel nicht so nachsichtig wären, würden die Elfen wieder beleidigt sein.

Sie arbeiten zusammen,

das ist schon eine Errungenschaft, denn seit Ewigkeiten waren es nur Rivalen.

Es ist kein wirklicher Frieden, noch nicht, dieser Frieden ist noch im Aufbau.

Sie haben sich gegenseitig sabotiert, wobei es nur die Elfen und Feen waren, die Engel haben das nie getan.

Sie waren immer bestrebt, die Naturgeister zu beruhigen, was sie dann wieder wütend machte.

Eigentlich beruht die Unstimmigkeit nur auf einem Missverständnis, bzw. die Angst der Elfen, nicht genug zu sein.

Feen sind die Schutzengel der Pflanzen und Tiere

Elfen sind die Schutzgeister des materiellen in der Natur, sorgen z.B. dafür, dass Heilsteine wachsen können und sind noch scheuer und verschlossener als Feen.

Kapitel 13

Engel, es gibt sie auf Erden!

Der Unterschied zwischen Menschen und Engel, und die Lehre eines Engels.

Der Schutzengel kann das ganze Leben eines Menschen überschauen.

Das kann der Mensch nicht.

Wir können in unserem Bewusstsein nicht unser ganzes Leben von Anfang bis zum Ende überschauen,

um alle unsere Schritte mit Blick auf einen übergreifenden Sinn auszurichten, das kann nur ein Engel.

Das gehört zu einer Entwicklungsstufe eines Engels.

Diese Entwicklungsstufen werde ich später in meiner Homepage noch veröffentlichen.

Er ist im Geist, in der Lage dessen Bewusstsein das ganze Leben eines Menschen von Anfang bis Ende zu überschauen und das Einheitliche darin zu sehen.

Er kann alle Erlebnisse, alle Erfahrungen so gestalten, dass sie sich zu einem einheitlichen, organischen Sinn zusammenfügen.

Die nächsthöhere Stufe über den Engeln sind die Volksgeister, die in der Bibel Erzengel genannt werden.

Deren Bewusstsein ist noch viel mehr umfassend als das von Engeln.

Sie haben die Fähigkeit zu überschauen, wie eine ganze Gruppe von Menschen, sogar ein ganzes Volk, eine große organische Einheit bilden kann.

Der Volksgeist legt sehr viel Wert auf eine gemeinsame Sprache. In jedem Land, denn das ergibt eine Einheit.

Alle Sprachwortprägungen sind Inspirationen und Intuitionen des Volksgeistes.

Wie ihr hier sieht, wäre es wichtig, auf der ganzen Welt

eine Sprache zu sprechen.

Kapitel 14

Reden mit Engeln

Sie möchten, dass wir unsere Freiheit behalten. Es möchten die Verstorbenen wie auch die Engel von uns rein geistig wiederentdeckt werden.

Du solltest lernen, dich mit ihnen rein geistig zu unterhalten.

Wie kommunizieren Menschen miteinander?

Auch über Gedanken!

Wenn du die Augen schließt, kann er deine Worte weiterhin hören.

Aber die Wahrnehmungen der Worte dienen nur dazu, dass Gedanken wahrgenommen werden.

Auch die Kommunikation, die jetzt geschieht, ist eine Gedankenkommunikation. Genauso muss man mit Verstorbenen und Engel kommunizieren:

Durch Gedanken, durch Bewusstseinsinhalte.

Du musst Dich nur daran gewöhnen, dass sie nicht auf eine materielle Form der Sprache kommunizieren, um Gedanken auszutauschen. Wo auch immer Gedanken gedacht werden, sind die verstorbenen Engel sofort da.

In den Maßen, in den in unseren Gedanken die Wahrheit herrscht, sind Engel und Verstorbene

unmittelbar bei uns, denn sie können unmöglich lügen, sie können unmöglich im Irrtum leben.

Alle Hierarchien der Engel sind Stufen der Wahrheit,

niemals des Irrtums, niemals Verteilung und niemals der Illusion.

Die Verstorbenen sind zwar Menschengeister, die Zeit ihres Lebens nicht nur und nicht immer in der Wahrheit gelebt haben, aber sie kommen nach dem Tod durch das Tor der Wahrheit und die Wahrhaftigkeit in der Welt der Engel, und des Lichtes.

Umso wahrhaftiger du als Mensch bist, desto mehr findet du die Möglichkeit, zu einer wahrhaften Verbindung, in ein reales Zwiegespräch mit Engeln und Verstorbenen zu treten.

Dann wirst du auch ihre Stimmen hören, denn sie sprechen mit der Stimme der Wahrheit.

Man kann es lernen, rein geistig mit Engeln und mit Verstorbenen zu reden.

Was muss man zum Beispiel für ein Gespräch mit Verstorbenen besonders beachten?

Eine erste Regel ist, dass der beste Moment um den Verstorbenen Fragen zu stellen, der Moment des

Einschlafens ist, weil wir selbst durch das Einschlafen in die Welt eintreten.

In anderen Zwischenwelten die ich schon mal beschrieb.

In dem Moment, wo wir abends oder am Tag den Körper verlassen, sind wir rein geistig mit den Verstorbenen und den Engeln zusammen, nur bekommen wir davon kaum etwas mit, weil unserer Bewusstsein noch zu schwach ist.

Aber man kann jeden Tag üben, wenn man aufwacht, wenn man von der Welt der Engel und der Verstorbenen zurückkehrt und noch nicht ganz in seinem Körper wieder drin ist, etwas von ihren Antworten in das Wachbewusstseins zu holen, wir brauchen nur unser Bewusstsein immer wacher und stärker zu machen, dann können wir mehr auch außerhalb des Körpers bewusst bleiben.

Bald könnt ihr zu jeder Zeit Antworten erhalten, denn euer Körper und eure Seele können es, ihr müsst sie nur erwecken.

Kapitel 15

Mit verstorbenen Kontakt aufnehmen

Durch vergangene Zeiten, Kriege und das moderne Leben, sind leider Engel und auch die Verstorbenen aus dem modernen Alltag verschwunden.

In der modernen Zeit ist für uns nur noch das real, was wir sehen und für wahr-nehmen.

Die Toten, die Verstorbenen, sind nicht immer zu sehen oder wahrnehmbar,

weil sie für uns im Grunde genommen nicht mehr existent sind.

Viele Menschen finden es sogar unmöglich, darüber zu diskutieren, ob sie existieren oder,

wahrgenommen werden können und sie deshalb keine Rolle im Leben spielen.

Es gibt aber immer mehr Menschen die sich in der letzten Zeit Fragen stellen, ob es nicht eine wesentliche Aufgabe

unseres Menschendaseins wäre, das Bewusstsein dafür wieder zu gewinnen.

Auch, dass die Verstorbenen uns begleiten und vielleicht viel wirkungsvoller in das Leben von uns eingreifen, als wir denken.

Umso länger sie bei uns bleiben, desto mehr verbittern sie.

Sie müssen ins Licht gehen, denn viele habe ihre Aufgabe hier auf Erden nicht erledigt.

Sie sind, bevor sie ihre Aufgabe erledigt haben verstorben.

Deshalb ist es so wichtig, dass sie Frieden finden und ins Licht gehen.

Schlusswort

Immer mehr Menschen haben erneut eine höhere Schwingungsfrequenz.
Immer mehr glauben an Engel, Elfen, Feen….
Viele suchen nach Antworten, ob oder wie man Kontakt aufnimmt.
So wie mit Verstorbenen.
Eure Kinder träumen, und sehen immer mehr, mit diesem Buch wollte ich euch zeigen, dass aus Träumen Wirklichkeit werden kann.
Ich weiß, dass aus diesen Buch riesige Diskussionen entstehen können, aber ich hoffe, dass die Menschheit endlich die Augen öffnet,

damit die Welt sich zum Guten wendet.

Auf Fragen und Anregungen bin ich schon jetzt gespannt.

Elfenengel-Annabell@web.de

Oder besucht mich auf meiner Seite

www.elfenengel.de

Literaturverzeichnis

Kunst

Hier findet ihr meine selbst entworfenen Bilder
Auf meiner HP findet ihr noch mehr davon.
Selbstverständlich in Farbe.
Viel Spaß beim Reinschauen.

Aura stärken

www.elfenengel.de
Copyright /Creastion by RT 11.9.2008

gelbe Aura

WWW.ELFENENGEL.DE

Aura Empathie

www.elfenengel.de

Copyright/Creation by RT 10.9.2008

Aura Olivenbaum

www.elfenengel.de

Copyright/Creation by KT 20.09.2009

Ein Engel ruht sich aus

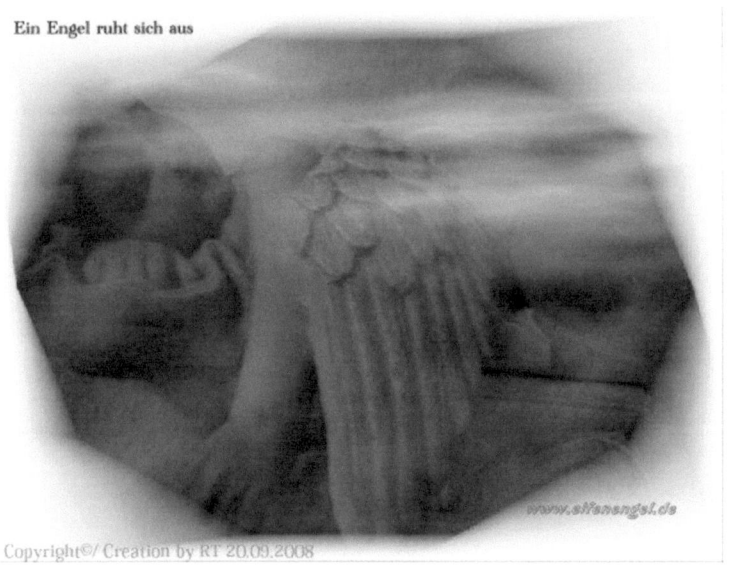

Copyright©/ Creation by RT 20.09.2008

www.siifenengsl.de

Engel des Lichtes

Engel des Lichtes

www.elfenengel.de

Copyright by Creation by RT 15.10.2008

91

Weiße Aura

www.elfenengel.de
Copyright/Creastion by RT 8.9.2008

RT

RT

RT

RT